楽しく学べる「知財」入門

稲穂健市

講談社現代新書

2412

はじめに

知的財産権とは何か？

このところますます、テレビや新聞で「知的財産権」に関するニュースを目にする機会が増えてきた——そう感じる方は多いだろう。

他人の文章、画像、音楽が無断で流用されているウェブサイトがあったとか、動画共有サイトにテレビ番組や映画が無断でアップロードされていたといった騒ぎは、ひっきりなしに起こっている。中国などのアジア諸国において大量の海賊品や模倣品が作られ、その一部が日本国内に流入している事実もすでに広く知られているところだ。

誰かが苦労して考え出したアイデアや作品をそのままコピーしたものや、それを少し変えただけのものが流通すれば、そのオリジナルを生み出した人が報われなくなってしまう。そのため、知的な創造活動によって生み出されたものを、それを創作した人の財産として保護することが必要だ。ふつうは財産というと、お金、土地・建物、自家用車などのことを思い浮かべるが、ここでいう財産とは、「経済的な価値のある情報」のことをいい、これを「知的財産」と呼ぶ。

つまり、「知的財産権」とは、ひとことで言えば、「**人間の知的な創造活動によって生み**

出された経済的な価値のある情報を、財産として保護するための権利」のことである。この「知的財産権」のことを、略して「知財」と呼ぶことも今では一般的となっている。

序章で説明するが、知的財産権には、小説・絵画・音楽などの著作物に関する「**著作権**」、発明に関する「**特許権**」、物品の形状や構造などの考案に関する「**実用新案権**」、物品などのデザインに関する「**意匠権**」、商品・サービスに付ける営業標識に関する「**商標権**」などがある。つまり、知的財産権というのは、これらの権利の総称である。

それぞれの権利について、「聞いたことはあるが、具体的にどのようなものなのかよくわからない」という方が多いのではないだろうか？　その背景には、知的財産権が自分の仕事や生活とは特に関係がないと考えている方が多いということがあると思う。

だが、最近は、そのような悠長なことなど言っていられない状況になっている。

たとえば、パソコンやスマートフォンの爆発的普及と通信網の発達によって、時と場所を問わない情報のやり取りが可能となったことから、自分が創作したコンテンツを外部に発信する機会が増えてきた。その半面、それを他人に流用されることは珍しいことではなくなっているし、また、我々自身も、他人が創作したコンテンツを自分のコンテンツに取り込むことで、無意識のうちに他人の知的財産権を侵害している可能性もある。

さらに、デジタルデータを簡単に三次元化できる「３Ｄプリンター」（立体印刷機）の登場により、知的財産権を巡るトラブルが「インターネット世界」から「リアル世界」に飛び出してくるリスクも格段に高まってきた。

企業・団体のレベルはもちろんのこと、個人のレベルにおいても知的財産権について知っておかねばならない局面が増大していることがおわかりいただけるだろう。現代社会において知的財産権に関する知識をしっかり身に付けることは、企業・団体や個人がこの先、生き残っていくために必要不可欠となっているのだ。

そこで本書は、知的財産権について本格的に勉強したことのない一般読者の方々、特に、ビジネスの第一線で戦っているサラリーマン・自営業の方々や、これから社会で戦う学生の方々に、知的財産権に関する理解を深めてもらうことを目指した。

「パクリ」を叩き潰す社会

難解な知的財産権の世界をすべて網羅すると膨大な分量になるので、それを可能な限りわかりやすく解きほぐせるよう、本書では主に「模倣」という行為にフォーカスを当てた。というのも、「模倣」というテーマが、知的財産権の面白さを知る取っ掛かりとなるのはもちろんのこと、後述するように、知的財産権に含まれる各権利（著作権、特許権、実用新案権、意匠権、商標権など）の違いを理解するうえで、実に格好の題材だからである。

「模倣」といえば、ここ数年に起こった様々な「パクリ騒動」を思い出す方も多いだろう。

2014年初頭、理化学研究所の元研究員・小保方晴子氏によるSTAP細胞論文を巡って捏造疑惑が持ち上がった。このとき、小保方氏の過去の論文までもが組上に載せられ、他の文献から多数の流用があることが大問題となった。

また、2015年夏、アートディレクター・佐野研二郎氏が考案した東京五輪エンブレムを巡って盗作疑惑が持ち上がったときも、佐野氏の過去の作品が組上に載せられ、「他の作品にも多数の盗用があるのではないか?」という疑惑の連鎖が起こった。

インターネットが普及する前は、ここまでの「パクリ騒動」は珍しかった。実際、バブルの頃までは、ロッテの菓子「ビックリマンチョコ」のオマケシールを模倣して、「ロッチ」の「ドッキリマンシール」が作られたり、「なめんなよ」の合い言葉で著名となった「なめ猫」のグッズの模倣品として「なめるなよ」と称するものが出回ったりしていたが、それほどの大騒ぎにはならなかった。

ところが最近では、インターネットに著作権侵害コンテンツが溢れかえっている一方で、メディアなどで注目を浴びた人が、いったん「パクリをする人物」というレッテルを貼られると、再起不能なまでに叩き潰される傾向にある。「パクリ」は「不倫」と並んで、血祭りに上げられた人間が、その一生を棒に振ってしまうかもしれないリスクファクターと認識されつつあるのだ。

そのため、現在では、「パクリ」と指摘されることを必要以上に恐れる人や会社も増えているように思う。法的にアウトなら仕方がないにしても、法的にはセーフであるにもかかわらず、他人とのトラブルを抱え込みたくないとか、ネットで炎上したときの対応が面倒という理由だけで、せっかく作った作品の発表を諦めたり、またはそれを撤回したり、さらには、自分の権利を強硬に主張する人に対して、本当に権利侵害であるのか怪しい状況であっても、素直に謝ったりお金を支払ったりする例まで出てきている。

ここからわかることは、「パクリ」を糾弾する社会風潮は醸成されているが、必ずしも、日本人の知的財産権に関する理解が深まっているとは限らないということだ。モラル的にも問題のない合法的な「模倣」までもが葬り去られるようになってしまっては、本末転倒である。

「模倣」がすべてダメというわけではない

そもそも、人類は「模倣」を通じて進歩してきたという側面を見逃してはならない。

農業や文字の伝搬からもわかるように、人類の歴史は「模倣」の歴史でもある。古今東西、何かを創作する際には先行物を参考にし、それを前提として文明は進歩してきた。産業や文化だけではなく、宗教も「模倣」の要素がある。ユダヤ教、キリスト教、イスラム教は、それ以前のゾロアスター教から大きな影響を受けている。日本の神仏習合（神仏混淆）など、既存の宗教に新しい宗教を取り入れる手法も、「模倣」の一形態と言えるだろう。

知的財産制度においても、「模倣」というのは織り込み済みである。

まず、知的財産権が発生していないものは、いくつかの例外はあるものの、基本的には保護されない。つまり、権利が発生していなければ、原則としては、「模倣」をしても問題がないということだ。

また、知的財産権が発生している場合でも、「模倣」が許される場合がある。

というのも、知的財産制度は、知的財産権を持つ人を保護するだけではなく、それ以外の人たちにもその知的財産を利用できる機会を与えることで、「保護」と「利用」のバランスを図っているからだ。つまり、特定の人に独占的な権利を与える一方で、それ以外の人たちに対しても、「模倣をしてもよい」という「安全地帯」を設けているのである。

具体的には、「内容的な安全地帯」と「時期的な安全地帯」がある。

たとえば、Aさんの知的財産を「少し変えたもの」を使う行為が、Aさんの「権利の及ぶ範囲の外側」であれば、法的にはセーフとなるし、Aさんの知的財産をそのまま使っても、その行為が「例外的に許されるケース」に該当すれば、やはり法的にはセーフとなる。この「権利の及ぶ範囲の外側」や「例外的に許されるケース」が、「模倣をしてもよい」という「内容的な安全地帯」となる。

他方、知的財産権には保護期間（存続期間）が定められており、それを過ぎると誰でも自由に使える「パブリックドメイン」となる。これは、ある一定期間、権利を独占させれば、それまでに権利者が十分な利益を回収できるであろうし、その期間が終了すれば、誰でも自由に使えるようにすることが世のためになると考えられているからである。この保護期間の満了後が、「模倣をしてもよい」という「時期的な安全地帯」となる。

本書の3つの特長

ここでやっかいなのは、知的財産権に含まれる著作権、特許権、実用新案権、意匠権、商標権などは、それぞれ保護対象と保護期間が異なっているため、「内容的な安全地帯」と「時期的な安全地帯」についても、それぞれの権利でまちまちという点である。

つまり、「模倣がどこまで許されるのか？」と判断する際の勘所が、各権利で異なっているのである。

これが、他人のアイデアや作品を参考にする際に、「どこまでが許されて、どこからが許されないのか」という疑問をわかりにくくしている大きな要因ともなっている。

そしてこの辺りの「さじ加減」を誤ると、他人の権利を侵害してトラブルに巻き込まれたり、またそれとは逆に、委縮しすぎてせっかくのビジネスチャンスを逃したりするといった不利益を被ることになる。と同時に、権利者の視点に立てば、ひとつの対象に複数の知的財産権を共存させることができる場合であっても、そのことを知らなければ、それら複数の権利を組み合わせる効果的な知財戦略を思いつくこともない。

にもかかわらず、この点について、一般読者向けにわかりやすく書かれた本は、今までほとんどなかったように思う。一部の権利だけを取り上げたものや、それぞれの権利を別々に紹介するだけのものが大半であった。知的財産権の世界では、実務家であっても学者であっても、業界内でそれぞれ専門の得意分野（縄張りのようなもの）ができているため、そこからあえて外に飛び出すことをためらう執筆者が多いことも、その一因となっているかもしれない。多くの人が様々な知的財産権についてきちんと整理できていないのには、そうした背景もある。

以上のことを筆者が強く意識する契機となったのは、前述した、佐野研二郎氏による東京五輪エンブレム盗作疑惑である。テレビを見ていても、商標権の話が出たり、著作権の話が出たり、論理に一貫性がなく、報道側の人間たちが知的財産権についてどこまで正しく理解しているのか、疑問を感じさせる内容が多かった。佐野氏の過去の作品に関する盗作疑惑を巡って世論が異常なまでにヒートアップしたときには、誰かの探し出してきた「よく似ている図柄」を次から次へと紹介することにメディアは明け暮れていた。このとき、法的な観点からの考察があまりなされていなかった危機感が、本書を執筆する動機のひとつとなったのである。

本書には、読者の「知財リテラシー」を最大限高めることができるよう、以下の3つの特長を盛り込んでいる。

①身近に感じられるユニークな事例（事件化したものに限定されない）をふんだんに盛り込み、「模倣」という切り口から知的財産権について楽しく学べるようにした。特に、独自の調査や取材を通じて各事例の背景にある人間ドラマを描き出し、「事実は小説よりも奇なり」を体感してもらうことで、読者の理解が一層深まるようにした。

②面白さと実用性を両立させることで、知的財産権に関連した実践的な知識を自然と読者に身に付けてもらい、それをビジネスなどに役立てられるようにした。

③知的財産権に含まれる各権利（著作権、特許権、実用新案権、意匠権、商標権など）の違いを際立たせた。さらに、各権利が交錯したエピソードを紹介することで、読者に対して複数の知的財産権を組み合わせた効果的な知財戦略を考えるヒントを示した。

皆さんの知的財産権に関する理解の向上に、本書が少しでも役立てば本望である。

目次

法はあったのか？／音楽の著作物——早稲田の校歌「都の西北」はパクリ!?／「どこまでも行こう」vs.「記念樹」／映画の著作物——『武蔵』と『七人の侍』／パックマンの「上映権」を侵害／AKB恋愛ゲームには特許権がある／写真の著作物——廃墟写真がOKでスイカ写真がNGだった理由／肖像権とパブリシティ権／著作物が自由に使える場合とは？／第1章から得られる教訓

第2章　その目印の模倣は許されるのか？——商標権——

「イオン」と「イーオン」、「クラウン」と「クラウン」／「ファイトー、イッパーツ」も登録商標!?／何が商標登録できるのか？／「どこでもドア」は登録OK／「お魚くわえたどら猫」は登録NG／他人の氏名、法人名称の場合／「福澤諭吉」は登録OK／「坂本龍馬」は登録NG、その理由／商標出願数第1位を誇る元弁理士の狙い／商標権先取りによるビジネス／ジャニーズ事務所の登録商標／登録商標「iPhone」とアイホン社との関係／「iPhone」の商標ライセンス料はいくら？／パロディ商標——「KUMA」「UUMA」「BUTA」／「SHI－SA」の場合／どこまで似ていたら商標権侵害なのか？／商標をめぐる大企業の戦略／「本当にあったHな話事件」の顛末／「1・2・3・ダァーッ!」と叫んだら商標権侵害？／登録商標「加護亜依」の不使用取消審判／「不正競争行為」に該当するか／「白い恋人」と「面白い恋人」／第

序章　知的財産権とは？

著作権と産業財産権に分かれる

「はじめに」で述べたように、「知的財産権」とは、「**人間の知的な創造活動によって生み出された経済的な価値のある情報を、財産として保護するための権利**」である。

まずはその大枠を理解するために、知的財産権の種類を一覧として次頁にまとめた。「その他」については特に正式な分類はなく、書籍によってその記載にばらつきがある。以下、それぞれの権利について簡単に説明することにしよう。

A. 著作権

小説・絵画・音楽などの「著作物」を創作したときに発生する権利である。

著作権について規定する「著作権法」は、著作物を創作した者の努力に報いることで文化を発展させようとしたものだ。

著作権の大きな特徴は、国に登録しなくても自動的に権利が発生する点である（これを「無方式主義」という）。このような仕組みになっているのは、文芸、学術、美術、音楽など「文化」に関するものは、「国によるお墨付き」といった考え方が馴染まないためである。

著作物を創作した者を「著作者」といい、著作者は、経済的な権利である「著作権（財

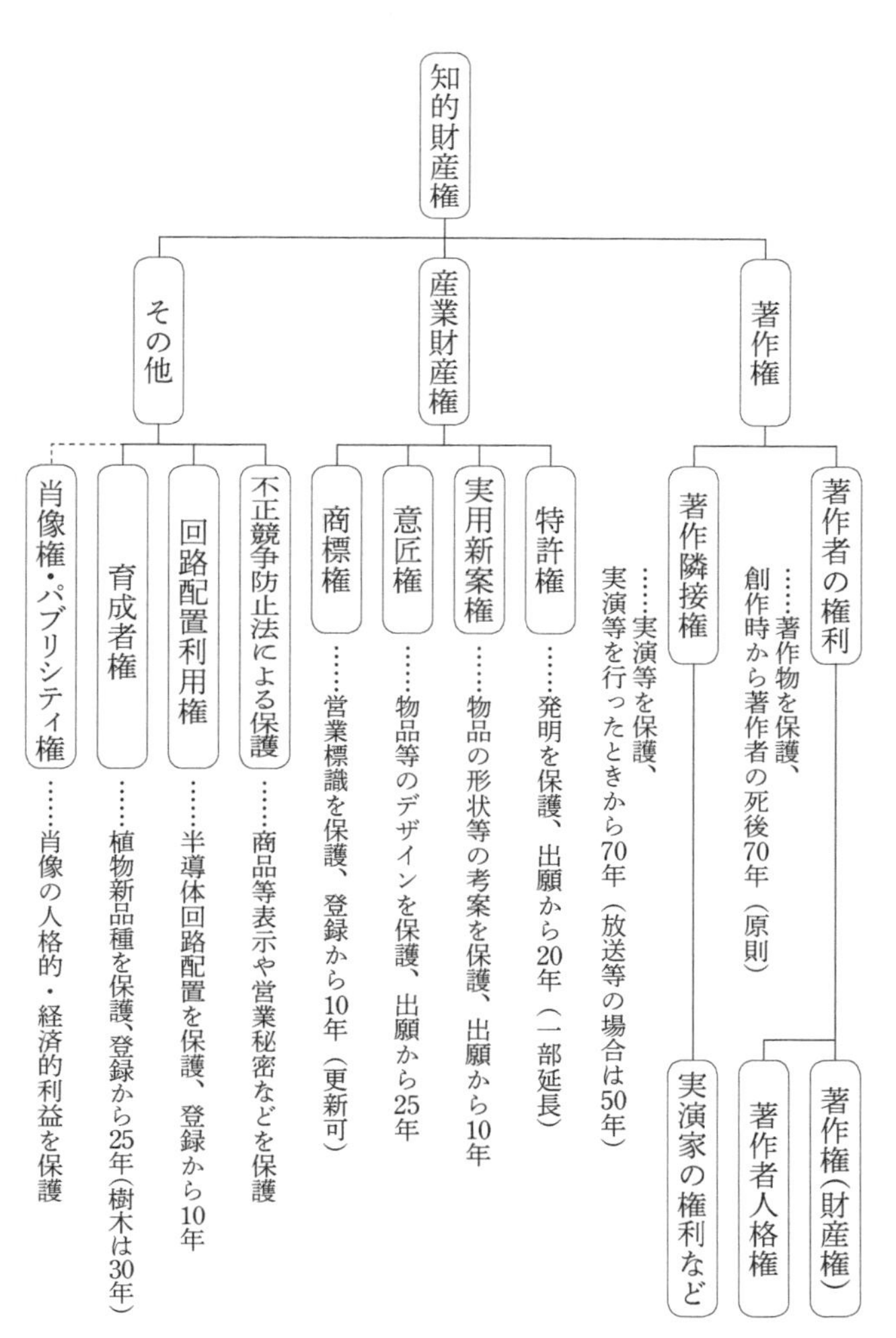

知的財産権の種類と保護の体系

産権）」を持つ。これは複製をはじめとした「著作物を使う一定の行為」をコントロールできる権利だ。たとえば、あなたが画廊で「絵画」を購入したとする。絵画の所有者としてそれを自宅に飾ったり売ったりすることは自由だが、その絵画を複製して絵葉書を作って勝手に売り出すことはできない。なぜなら、その絵画の「情報（無体物）」としての側面にはあなたの「所有権」は及ばず、それを描いた著作者の「著作権」が及ぶからである。

そのため、あなたが著作者に無断でそのような行為をすれば、著作者はその行為を止めさせたり、その行為によって生じた損害を償わせたりすることができる（その一方で、著作者は著作物の利用を許諾することもできる）。ただし、著作権は独自の創作について発生する権利であるため、どんなに似通っていても、他人が独自に創作した著作物に対してはその効力は及ばない。

また、著作権の保護期間は、原則として著作者の死後70年である。ただし、2018年12月30日施行の法改正前は死後50年であった。そのため、たとえば1965年に死去した谷崎潤一郎や江戸川乱歩の作品は、すでに「パブリックドメイン」となっており、「青空文庫」（著作権が消滅した作品などを公開する電子図書館）などで自由に読めるようになっている。

著作者の権利としては、経済的な権利である「著作権（財産権）」に加えて、著作者が精神的に傷つけられない権利である「**著作者人格権**」というものもある。

さらに、著作物を公衆に伝達する役割を果たしている実演家（歌手、俳優など）については、「**著作隣接権**」という権利が認められている（「著作権のお隣の権利」という意味合いの言葉である）。だから、シンガーソングライターであれば、作詞家・作曲家として「著作者の権利」を持つのと同時に、歌手として「著作隣接権」を持つことになる。

B. 産業財産権

著作権が「文化」に関する権利である一方、こちらは「産業」に関する権利である。創作と同時に権利が発生する「著作権」とは異なり、**国に登録することで権利が発生する**。[*1] 登録をすることで独占権が得られる仕組みのため、登録されている内容と同じものを他人が無断で使った場合、権利者はその行為を止めさせたり、その行為によって生じた損害を償わせたりすることができる（他人に対してその許諾をすることもできる）。

以下、各権利について簡単に解説していこう。

① 特許権

今までにない新しい「発明」をした者に与えられる権利である。それでは、改めて「発明」とは何だろうか？

わかりやすく言えば、現状の問題点を解決するための技術的なアイデアのことだ。特許権について規定する「特許法」は、発明の保護と利用を図り、技術を累積的に進歩させて、産業を発達させようとするものだ。[*2]

特許権を発生させるためには、発明者本人、または発明者から特許を受ける権利を引き継いだ者が、特許庁に出願をして審査を受けてから登録される必要がある。このようにして国が特許権を与える行為のことを「特許」と呼ぶ。しかし日常会話においては、特許を受けた発明や、特許権そのもののことも、「特許」と呼ぶことが多い。そのため、本書でも同様の呼び方をすることがある。

また、存続期間は、原則、出願された日から20年である。[*3]

登録された実例としては、「雪見だいふく」（ロッテ）といった食品、大阪駅前の観覧車付きビル「HEP FIVE」といった建造物、小室哲哉氏の「ミュージシャン及びダンサー用電子時計」などがある。また、ソフトウェアや方法自体も特許権による保護対象である。

② 実用新案権

物品の形状や構造などに関する、今までにない新しい「考案」をした者に与えられる権利である。考案とは、大ざっぱに言えば、物品に対してちょっとした工夫を施した「小発明」のことを指す。実用新案制度が作られたのは、かつては日本の技術レベルがそれほど高くはなく、特許に値しない「小発明」も保護する必要性があったからである。[*4]

長らく、特許権を得るときと同じように、特許庁での審査を受けた後に登録されていたが、ライフサイクルの短い技術を保護する制度として、1993（平成5）年に制度改革が行われた。それ以降は、特許庁に出願すれば、形式的な要件を満たしているものであれば、例外なく登録される。実質的な審査を受けていないため、他人に対して権利を主張する際には追加の手続きが必要となる。また、存続期間は出願された日から10年であり、特

＊1　この登録制度の基本的な枠組みは、商標については1884（明治17）年、特許については1885（明治18）年、意匠については1888（明治21）年、実用新案については1905（明治38）年に作られている。著作権法が制定されたのが1899（明治32）年であるから、いずれも制度化が明治年代に集中していることがわかる。その背景には、当時、江戸幕府が結んだ不平等条約を撤廃するために、知的財産制度の整備が急ピッチで進められたことがある。

＊2　その実現のため、国が発明家に対して、発明の内容を一般に公表する見返りに、一定期間だけその発明に関する独占権を与えることにしたのである。

＊3　一定の要件を満たす場合は、延長も可能。たとえば医薬品など、製造販売の承認までの審査に相当な時間を要する一部の例外については、5年を限度に延長できることがある。

＊4　1905（明治38）年に、ドイツの実用新案法をモデルとして導入された。

許権と比べて随分と短い。[*5]

登録された実例としては、花王のフローリング用清掃用具「クイックルワイパー」や、大仁田厚氏の有刺鉄線と小型爆発物を備えた「格闘技用リング」などがある。

③ 意匠権

今までにない新しい「意匠」の創作をした者に与えられる権利である。意匠とは、主に、美感を起こさせる物品[*6]の形状、模様、色彩などのことをいい、2020年4月施行の法改正により、「物品から離れた画像」「建築物」「内装」にも保護対象が拡大した。

意匠権について規定する「意匠法」は、意匠の保護と利用を図ることで、意匠の創作を奨励し、産業を発達させせようとするものだ。

意匠権を発生させるためには、創作者本人、または創作者から登録を受ける権利を引き継いだ者が、特許庁に出願をして審査を受けてから登録される必要がある。また、存続期間は出願された日から25年である。

登録された実例としては、小林製薬の「糸ようじ」、ユニ・チャームの「超立体マスク」、山崎製パンのロールケーキなどがある。また、ネジなどの部品、ソファセットやシステムキッチンのような組物、さらに物品の一部なども意匠権による保護対象である。

④ 商標権

商品・サービスに付ける名称・シンボルマークといった営業標識（商標）を使用する者に与えられる権利である。

商標権について規定する「商標法」は、商品・サービスの提供者の業務上の信用維持を図ることで産業の発達を図るとともに、消費者の利益を保護しようとするものだ。

特許権、実用新案権、意匠権が「知的創造物に関する権利」であるのに対して、商標権は「営業標識に関する権利」である点が異なっている。

商標権を発生させるためには、特許庁に出願をして審査を受けてから登録される必要が

＊5 そのため、正直に言えば、あまり使い勝手の良い権利ではないのだが、特許ほどお金がかからず、早期に権利化できるというメリットもあるため、安いお金でいち早く権利を確保しておきたい場合に使われており、少数ながらも今でも登録され続けている（特許出願件数が年間30万件程度である一方、実用新案の登録数は年間5000件程度である）。

＊6 「工業的に量産できる物品」であることが必要とされている。打ち上げられた花火やネオンサインなどの形のないもの、彫刻などの一品製作物などは「工業的に量産できる物品」ではないため意匠登録できない。なお、物品に記録・表示されている画像デザインは従来から保護対象であった。

ある。商標の登録を受けることを「商標登録」といい、登録された商標を「登録商標」という。また、登録を受ける際には、その商標を付ける商品・サービスを指定する必要があり、商標権の取得後に独占的に使用できるのはその範囲に限られる。

商標権の存続期間は登録された日から10年だが、何度でも更新が可能なため、**他の知的財産権とは異なり、「半永久的な権利」となっている。**

登録された実例としては、SONYのロゴや、ヤマト運輸のクロネコマークのほか、不二家のペコちゃん人形といった立体的な形状からなる商標や、大正製薬の「ファイトー、イッパーツ」といった音の商標などがある。

C. その他

① 不正競争防止法による保護

「不正競争防止法」とは、不正競争を防止することなどにより、国民経済を健全に発展させることを目的とした法律である。[*7]

具体的には、特に権利を与えることなく、「不正競争行為」として定められている一定の行為を直接規制する。たとえば、他人が築いた信用にタダ乗りする行為や、「営業秘密」（秘密として管理されている有用な技術情報・営業情報）を不正な手段で、取得・使用・開示する行為などが不正競争行為に該当する。

他人の不正競争行為によって営業上の利益を侵害された者は、その行為を止めさせたり、その行為によって生じた損害を償わせたりすることができる。

② 肖像権・パブリシティ権

本書では知的財産権の一種と位置づけたが、知的財産権の一覧に登場させていない書籍も数多い。「人間の知的な創造活動によって生み出された」とは言いがたいためである。

これまで紹介してきた各権利とは異なり、法律などで明記されている権利ではなく、判例などを通じて、事実上認められているものである。

まず、「肖像権」とは、自己の肖像をみだりに撮影されたり公表されたりしない権利である。他人が自分の肖像を勝手に使ったりすると、平穏な生活に支障が出て精神的な苦痛を受ける可能性がある。平穏な暮らしを送ることは法的に保護されるべきものであり、肖像権は「プライバシー権」の一種ともいえる。

＊7　上記いずれの権利によっても保護されずに「こぼれ落ちる」かたちとなった知的財産をすくい上げることで、著作権法や産業財産権法を補完する役割も果たしている。

一方、「パブリシティ権」とは、有名人が自己の氏名や肖像を商業的に利用することができる独占的な権利である。有名人の氏名や肖像に顧客吸引力（顧客を商品などに引きつける力）に基づく経済的な価値（パブリシティ価値）があることから認められている。

5つの権利をマトリクスで理解しよう

本書では、これらの権利のうち、「著作権」「特許権」「実用新案権」「意匠権」「商標権」の5つに焦点を当て、必要に応じて「不正競争防止法」と「肖像権・パブリシティ権」について説明することにした。

ところで、焦点を当てることにした5つの権利だけでも、それぞれ異なった特徴があるため、すでに頭が混乱している方もいるかもしれない。

そこで、これら5つの権利を、その発生条件、種別、保護対象、保護期間の違いに基づいて、わかりやすくマトリクス化してみた。それが次頁の表となる。これを見れば、各権利がその特徴によって大きく3つのタイプに分類できることがおわかりいただけるだろう。

この分類に基づいて、本書は次のように章立てをしている。

第1章では「著作権」を取り上げ、東京五輪エンブレム騒動の再検証のほか、山口県宇部市の観光キャラクター「エコハちゃん」を巡る騒動や、早稲田大学校歌「都の西北」の

知的財産権のマトリクス

謎などについて紹介する。「肖像権・パブリシティ権」についても軽く触れる。

第2章では「商標権」を取り上げ、「どこでもドア」や「お魚くわえたどら猫」など、元ネタが明らかな商標で権利取得を目指した事例や、「本当にあったHな話事件」などの権利侵害事件を紹介する。また、「不正競争防止法」についても簡単に説明する。

第3章では「特許権」をメインに、「実用新案権」と「意匠権」にも触れる。その中で、鳩山由紀夫元首相の夫人・鳩山幸(みゆき)

氏による「隙間封止部材」やジャニーズ事務所のメリー喜多川氏による「早変わり舞台衣裳」など、興味深い出願・登録事例を紹介していく。

終章となる第4章では、これら各権利を組み合わせることで実質的な権利の長期化・延命化を図ろうとする試みを取り上げる。その中で、ペコちゃんやキューピーの秘密にも迫っていく。さらに、知的財産権が関係するとは思えない状況であっても、何らかの知的財産権が存在し、かつそれが及んでいるかのように扱われているように見えるケースについても紹介する。

また、ビジネスなどで役立つ実践的な知識として特に留意すべき点を、各章の最後に箇条書きにしてまとめた。ぜひ参考にしてほしい。

なお、知的財産権は各国で独立に存在するため（これを「属地主義」という）[*8]、本書における解説は、主に日本の国内法に基づいたものとなる。あらかじめご留意願いたい。

それでは、ここからさっそく、時に人間の「発想力」や「独創性」に驚嘆しながら、時に人間の「ワル知恵」に笑いながら、知的財産権について学んでゆくことにしよう。

＊8　実際に、A国内で権利が有効であっても、B国内では権利が有効でないことがある。そういった意味では、知的財産権には「地理的な安全地帯」も存在する。

第1章　その作品の模倣は許されるのか？
——著作権

「東京五輪エンブレム騒動」とは何だったのか？

2016年4月、2020年東京オリンピック・パラリンピックのエンブレムが正式決定した。野老朝雄(ところあさお)氏のデザインした「組市松紋」である。

広く知られているように、一度は決定していた佐野研二郎氏によるエンブレムが白紙撤回となり、その後の再公募により絞られた候補の中から「組市松紋」が選出されるという紆余曲折があった。

東京五輪エンブレム

佐野氏のエンブレムが選ばれた際は、その是非についてインターネット、テレビ、雑誌などで大きな議論が巻き起こったが、改めて選出された「組市松紋」については、それほど大きな反対の声は上がらなかった。野老氏の人柄が好感を持たれたことも一因かもしれないが、同様の騒ぎを起こしたら東京五輪の開催自体が危ぶまれることを危惧した日本人が多かったことも一因であったと考えられる。

今になって思えば、あの一連のエンブレム騒動とは何だったのか？

そもそもの発端は、佐野氏の作品を巡る盗作疑惑であった。ベルギー・リエージュ市の劇場ロゴをデザインしたオリビエ・ドビ氏が「自分の作品の盗作なのではないか」と指摘したのが事の始まりだ。佐野氏のデザインがラテン文字の「T」を図案化したものである一方、ドビ氏の作品は「T」と「L」の組み合わせを図案化したものだった。

その後、佐野氏の過去の作品にまつわる盗作疑惑、エンブレム選考過程の不透明さ、選出デザインから最終デザインに変遷していくまでの経緯の不透明さ、などが次々と指摘されていった。

佐野氏によるエンブレムとベルギーの劇場ロゴ

結局、佐野氏本人の希望もあって、白紙撤回という流れとなった。エンブレムとは無関係の話題が大きく取り上げられるようになったため、「盗作だったのかどうか」という当初の論点はうやむやなまま、話が終わってしまった印象がある。

ラテン文字の「T（ティー）」は、旧ソ連などで使用されているキリル文字の「T（テー）」と同じく、ギリシャ文字の「T（タウ）」に由来する文字である。ギリシャ文字が作られたのは、紀元前9世紀頃と言われているから、「T」の文字としての歴史は、3000年近くに及ぶ。

この長い歴史を考えれば、「T」の文字を一生懸命アレンジしたところで、どことなく似たようなデザインが出てきても、全然不思議なことではない。もともと、「盗作疑惑」を招きやすいデザインコンセプトだったのである。結果論とはなるが、「自分の作品に酷似している」と指摘してくるドビ氏のような人物が出てくることは、東京オリンピック・パラリンピック競技大会組織委員会も、あらかじめ想定しておくべきだったように思う。

ドビ氏の指摘に対する組織委員会のコメントは、「先方は商標登録していないので問題ない」というものであった。だが、商標の観点では問題がないとしても、「著作権」の観点ではどうなのかはわからない。

なぜなら、五輪エンブレムはオリンピック関連商品などに付けられる商標となり得るだけではなく、デザイナーの創作した「著作物」ともなり得るからだ。著作物とは、「**文芸、学術、美術、音楽などの分野で、人間の思想・感情を創作的に表現したもの**」をいう。

こう定義づけられていることから、人間が創作したものすべてが著作物になるわけではない。思想・感情と関係のない「事実・データ」は著作物ではないし、頭の中で考えているだけで、具体的な「表現」として外部に現れていない「アイデア」も著作物ではない。

また、作者の個性が何らかのかたちで現れていれば、そのレベルに関係なく「創作的な表現」と言えるが、誰が表現しても同じようになる「ありふれた表現」は、それには含ま

言語の著作物	論文、小説、脚本、詩歌、俳句、講演など
音楽の著作物	楽曲及び楽曲を伴う歌詞
舞踊、無言劇の著作物	日本舞踊、バレエ、ダンスなどの舞踊やパントマイムの振り付け
美術の著作物	絵画、版画、彫刻、漫画、書、舞台装置など（美術工芸品も含む）
建築の著作物	芸術的な建造物（設計図は図形の著作物）
地図、図形の著作物	地図と学術的な図面、図表、模型など
映画の著作物	劇場用映画、テレビ映画、ビデオソフト、ゲームソフトなど
写真の著作物	写真、グラビアなど
プログラムの著作物	コンピュータ・プログラム
二次的著作物	上記の著作物（原著作物）を翻訳、編曲、変形、翻案（映画化など）し作成したもの
編集著作物	百科事典、辞書、新聞、雑誌、詩集など
データベースの著作物	編集著作物のうち、コンピュータで検索できるもの

著作物の種類（著作権情報センターのホームページより）

れない。どこまでが「ありふれた表現」で、どこからが「創作的な表現」となるのか判断の難しいところだが、さすがに単なる三角形や四角形は著作物とはいえないだろう。

著作物を例示したものを一覧としてまとめたのが上の表である。

表にもあるように、毛筆などで書かれた「書」は、一般的に「美術の著作物」に該当する。文字を素材としたものであっても、美術鑑賞の対象となるものだからである。

中央大学と広島カープの「C」

だが、ある程度の創意工夫が施されたものであっても、明朝体やゴシック体といった「書体」や、文字や文字列を図案化・装飾化しただけの「ロゴタイプ」には、原則、著作物性はないとされている。[*1] 今までの裁判でも、「文字」が万人共有の文化的財産であり、情報伝達を目的としたものであることから、「デザインされた文字」については、高度の「美的創作性」などがあるものに限って著作物性を認めるという判断がなされている。

そのため、たとえば、ほとんど同じにしか見えない中央大学の「C」マーク、広島東洋カープの「C」マーク、米大リーグのシンシナティ・レッズの「C」マーク、智辯学園和歌山高等学校野球部の「C」マークについても、おそらく著作物性はない（ロゴについて商標上の問題が発生するケースについては次章で述べる）。

アサヒビールの「Asahi」のロゴについても、その著作物性が否定されている。

1991年7月から「AsaX」のロゴを使用して米穀等の販売を行っていたアサックスという会社に対して、アサヒビールは「AsaX」のロゴが「Asahi」のロゴの「著作権侵害」であると主張した。「著作権者」（著作権を有する者）に無断で他人がその著作物を利用すると、原則として著作権侵害となり、著作権者はその他人に対して、その行為の差し止めや損害賠償の請求をすることができるからである。

だが、1996年1月、東京高裁は、「美的創作性を感得」できないとして、「Asahi」のロゴの著作物性を否定した。

左から、中央大学、広島東洋カープ、シンシナティ・レッズ、智辯学園和歌山高等学校野球部

Asahi と AsaX

前出の佐野氏のエンブレムやドビ氏の劇場ロゴは、「C」マークや「Asahi」のロゴとは異なり、すでに文字を超越したデザインとなっている。そのことから、表現の選択の幅は限られるものの、著作物性が認められる可能性もあるだろう。

では、仮にドビ氏の作品に著作物性が認められるとして、エンブレム撤回後に取り下げられたドビ氏の提訴した裁判が日本でも起こされていた場合、佐野氏の作品はドビ氏の作品の「著作権侵害」と判断されただろうか？

著作権侵害の要件は、「**依拠性**」と「**類似性**」である。

ここで、依拠性とは「**オリジナルを利用して作ったこと**」を意味する。そのため、オリジナルを見たことも聞いたこともなければ依拠性はない。また、類似性とは「**オリジナルと表現が類似していること**」を意味する。多くの判例では、オリジナルの「表現上の本質的な特徴を直接感得できる」場合に類似性があるとされている。

そのため、今回のケースで「著作権侵害」が認定されるには、佐野氏がドビ氏の作品を利用してデザインしたこと（依拠性）と、両者のデザインが類似していること（類似性）の両方が認められる必要がある。

だが、いずれも文字に由来するシンプルなデザインであることから、色彩や赤丸の有無といった差異によっても類似性が否定される可能性が高く、依拠性の認定も困難であろう。そのため、仮にドビ氏の作品に著作物性が認められるとしても、著作権侵害と判断されるハードルはかなり高いものであったと思われる。

歌川広重の浮世絵（左）とゴッホによる模写（右）

美術の著作物――「模写」か「贋作」か

「美術の著作物」と聞いて真っ先に思い浮かぶのは、やはり、絵画、版画、彫刻などであろう。

世界最古の芸術作品は洞窟壁画であり、最古のものは約4万年前に制作されたといわれている。芸術作品は、先行作品を参考にしながら技術を積み重ねることによって徐々に進歩してきた。美術館に展示されている欧州の宗教画などは、素人目で見ると、どれも似通ったものばかりである。だが、それでいて、それぞれの時代における傾向や、時代の変遷による進歩を読み取ることはできる。

先人のスキルを習得する方法として、古くから「模写」が行われてきた。現在でも美術を学ぶ学生は、名作を「模写」したり、その画風を真似たりすることで鍛錬を積み、切磋琢磨している。「模写」が能力向上のために、それなりに効果的なものであることを否定する人はいないだろう。著名なオランダ人画家のゴッホにしても、歌川広重の浮世絵の影響を受け、その模写をしていることは有名だ。

古くから悪い行為とされてきたのは、模写を本物と偽る「贋作(がんさく)」[*2]である。

著名な贋作家としては、ハンガリー出身のユダヤ人、エルミア・デ・ホーリー(Elmyr de Hory)が知られており、1000点近くの贋作を世界中の美術館や収集家に売却したという。

著作権的には、「模写」も「贋作」もオリジナル作品の「複製」ということになる。両

*1 ただし、商品として購入した書体やロゴタイプを使用許諾契約で許されている範囲を超えて使った場合、契約違反であるとして販売元から損害賠償などを請求されるおそれがある。

*2 贋作には「本物のコピー」と「本物と画風を似せたもの」があるが、ここでは前者を指している。

者をあえて区別するのであれば、「良い複製」と「悪い複製」となるだろうか？

洋画家・和田義彦氏の盗作騒動

また、「贋作」と並んで悪い行為とされているのが、「盗作」である。これこそが、まさに「パクリ」であろう。

有名な騒動としては、2006年5月に起こった日本人洋画家・和田義彦氏による盗作疑惑が挙げられるだろう。芸術選奨文部科学大臣賞の対象となった和田氏の作品の中から、

和田氏の作品（『和田義彦展図録』より）**とスギ氏の作品**（スギ氏のホームページ albertosughi.com より）**の比較の一例**

イタリア人画家アルベルト・スギ氏の作品と酷似したものが多数見つかったのだ。

前述したように、著作権侵害には、「依拠性」（オリジナルを利用して作ったこと）と「類似性」（オリジナルと表現が類似していること）の双方が必要とされているため、オリジナルの存在を知らずに独自に創作したものであれば、オリジナルと同じものや似たものになってしまっても、著作権的には問題はない。

だが、このケースでは、スギ氏の作品が先に描かれているだけではなく、和田氏がスギ氏に直接会いに行って同氏の作品を見せてもらったりしていたという。そのうえ、作品中

の人物の容姿や配置がまるでトレースしたかのようにほとんど一致している。これでは、「著作権侵害」という指摘に対して言い逃れをするのは相当難しそうだ。

翌月、この疑惑によって、和田氏の芸術選奨文部科学大臣賞は取り消しとなった。文部科学省が和田氏による著作権侵害を事実上認めたことによる措置であると思われる。[*3]

仮の話として、和田氏がスギ氏の作品中の人物の容姿を変え、さらに位置を入れ替えるなどして全体の構図を大きく変えていれば、単に作風が似ているというレベルで済んだ可能性もある。スギ氏の作品の「表現上の本質的な特徴を直接感得」できないレベルになってしまえば、スギ氏の作品の著作権侵害とはならないからである。

キャラクターは著作物か?

漫画やアニメの「キャラクター」、たとえば、「ドラえもん」や「ピカチュウ」などのキャラクターのイラストも、「美術の著作物」として保護されると考えられている。

ちょっとややこしいのは、キャラクターの人物像（性格やスキルなどの設定）は著作物ではなく、キャラクターの容姿を表現する「絵柄」が著作物となり得るという点だ。「ド

＊3　スギ氏は和田氏を提訴しなかったため、裁判での結論は出ていない。

事件名	原告の絵(左)と被告の絵(右)の比較	事件の経緯と裁判所の判断
LEC出る順シリーズ事件	 	①人形が肌色一色、②人形の体型がA型で手足が大きい、③左手の手のひらを肩の高さまで持ち上げたうえ、手のひらの上に載せられた物を人形の半身程度の大きさに表現、などの特徴的な部分に「類似性」があり、「依拠性」もあるとして、裁判所は著作権侵害を**認定**。
けろけろけろっぴ事件	 	サンリオのキャラクター「けろけろけろっぴ」が、自分の創作したカエルを擬人化したキャラクターの著作権を侵害しているとしてイラストレーターが提訴。「全体として受ける印象」がかなり異なっているとして、裁判所は著作権侵害を**否定**。
タウンページ事件	 	NTTの職業別電話帳『タウンページ』に登場する擬人化された冊子が、自分の創作した漫画のキャラクターの著作権を侵害しているとして漫画家が提訴。「本を擬人化したという点は共通しているが、それ自体はアイデアであって、著作権法で保護されるものではない」として、裁判所は著作権侵害を**否定**。
博士イラスト事件	 	幼児向けのDVD教材に登場する博士イラストを巡るもの。双方のイラストにおける「角帽やガウンをまとい髭などを生やしたふっくらとした年配の男性」は「アイデア」に過ぎず、「カイゼル髭」を生やしているなどの共通点も「ありふれた表現」であるとして、裁判所は著作権侵害を**否定**(＊5)。

キャラクターのイラストに関する著作権侵害を巡る裁判例(各イラストは裁判所ウェブサイトより)

ラえもんはどら焼きが大好き」とか、「スーパーサイヤ人は無敵」といったキャラクター設定は抽象的な概念であって、具体的に表現されたものではないため、著作物ではない。[*4]

キャラクターのイラストについては、著作権侵害を巡る裁判がたくさん起こされている。右の表に示したのはほんの一部に過ぎない。

最初の3例については、素人目に見ても、それなりに納得のいく判決と思われるが、最後の「博士イラスト事件」についてはどうだろうか？　この事件では依拠性も明らかとなっていたので、ここまで共通点の多いイラストが「著作権侵害ではない」と判断されたことを意外に感じた方も多いのではないだろうか。

ポイントとなったのは、先ほども説明したように、「創作的な表現」が著作権法で保護されるという点である。つまり、いくら共通点があっても、それが具体的な「表現」として外部に現れていない「アイデア」だったり、「ありふれた表現」に過ぎなかったりする場合は、基本的には保護されないということだ（ちなみに、「アイデア」と「表現」を明

＊4　同様の理由からキャラクターの名前も著作物ではなく、著作権法による保護は受けられない（ただし、商標登録すれば商標法による保護を受けることはできる）。

＊5　被告イラストは3DCGにより制作されたため、平板な感じのする原告イラストに対して立体的で質感があったことが、類似しないという判断につながった面もある。

確に区別することも容易ではない)。

エコハちゃんはピカチュウと似ている⁉

ここで、2011年夏に起こった「エコハちゃん」騒動について考えてみたい。

山口県宇部市の観光キャラクター「エコハちゃん」は、宇部資源リサイクル協同組合が「森の妖精」をコンセプトに制作したイラストであり、同市に寄贈された後、公募で「エコハちゃん」と名付けられた。

問題となったのは、このキャラクターを三次元化した着ぐるみであった。この着ぐるみも同組合が製作して同市に寄付したという。

その後、インターネットで「ピカチュウ」にそっくりという声が上がり、一般のメディアでも報道されて大きな騒ぎとなった。

皆さんはそっくりだと思われるだろうか?

冷静に見比べてみると、着ぐるみの元になったイラストは「ピカチュウ」とは全然似ていないし、着ぐるみにおいても、「色(ピカチュウは黄色でエコハちゃんは緑色)」「耳の形」「尻尾の有無」「体型」など様々な違いがある。仮に裁判となっていた場合、両者で酷似している「目の形」「頬の赤丸」「口の形」などが「ありふれた表現」であるかどうかが類似性判断のポイントとなっただろう。

　結局、同市では、イラストの使用は継続する一方で、この着ぐるみは使わないことに決めたという。

　その経緯について同市に問い合わせたところ、次のような回答が得られた。

エコハちゃん（宇部市提供）

エコハちゃんの着ぐるみ（朝日新聞デジタルより）
とピカチュウ（「ポケモンずかん」より）

……株式会社ポケモン様[*6]とこの件について相談を行い、ポケモンブランドへの影響及び多くの方から御指摘のありましたことを真摯に受け止めて、着ぐるみの使用を差し控えることとし、寄附者にもこの旨説明し、御理解をいただいております。

**　なお、株式会社ポケモン様からは、その後本市主催によるイベントにプログラムを提供いただくな**

どの多大な御協力をいただきました。

宇部市には「全然似ていない」と「パクリ疑惑」を完全否定してもらいたかったが、株式会社ポケモンと良好な関係を構築することができたというし、同市が事態の早期収拾を図ったことで、結果的にはプラスに働いたようだ。

ところで、気になる「エコハちゃん」の着ぐるみは、今、どうなっているのだろうか？

その点についても同市に問い合わせてみた。

着ぐるみについては、現在も市の施設内に保管しているところです。

よかった！　破棄されていたわけではなかったのだ。

しかし、市の倉庫で寂しく保管されている「エコハちゃん」の着ぐるみが不憫（ふびん）に思えなくもない。この状態って、全然エコじゃないような気もする。個人的には、将来「エコハちゃん」の着ぐるみが何らかのかたちで復活することを願っている。

著作者人格権――身体の刺青をめぐって

驚かれる方もいるかもしれないが、身体に彫った「刺青」も美術の著作物となりうる。『合格！　行政書士　南無刺青観世音　～自分と人を信じて生きる～』鬼塚康（本の泉社）という書籍を巡る裁判では、「刺青」に関する著作権について争われた。

書名の冒頭に、いきなり「合格！　行政書士」と書かれているので、行政書士の試験対策本を連想された方も多いと思われる。だが、試験対策が書かれているのは、最後の章だけであり、そのほとんどは、著者の鬼塚氏が、様々な理不尽な目に遭いながらも奮起し、苦難の末に行政書士試験に最終合格するまでの半生を綴った内容となっている。

本書によると、風俗嬢・鳴海と出会った鬼塚氏は、その借金を肩代わりするのみならず、「十一面観音立像」を刺青として彫ることを決意し、彫り師の元を訪れる。その彫り師に止めるよう説得されながらも鬼塚氏は自らの信念を貫き、刺青を自分の太ももに刻むのである。その描写はかなり生々しく、筆者は読み進めながら手に汗を握ってしまった。

その後、行政書士になった鬼塚氏は、自分と同じような苦難を抱えている人たちを救お

＊6　株式会社ポケモンは、ポケモンに関連した店舗運営事業、ゲームソフト事業、カードゲーム事業、ライセンス管理事業などを行う企業である。任天堂の子会社ではなく、同社の持分法適用会社である。

公表権	自分の著作物で、まだ公表されていないものを公表するかしないか、するとすれば、いつ、どのような方法で公表するかを決めることができる権利
氏名表示権	自分の著作物を公表するときに、著作者名を表示するかしないか、するとすれば、実名か変名かを決めることができる権利
同一性保持権	自分の著作物の内容又は題号を自分の意に反して勝手に改変されない権利

著作者人格権とは？（著作権情報センターのホームページより）

うと本を書くことを決め、その表紙の半分ものスペースを使って、自分の身体に彫られた刺青の画像を載せたのである（実際に使われた画像は、白黒を反転させてセピア調にしたものであった）。「自分の身体の一部なのだから、勝手に載せても問題ないのでは？」と考える方もいるかもしれないが、事はそう単純ではない。

彫り師は、版元である「本の泉社」と鬼塚氏の行為が、自らの「著作者人格権」の侵害にあたるとして、東京地裁に訴え出た。

序章で説明したように、著作者は、財産権としての「著作権」に加えて、精神的に傷つけられない権利である「著作者人格権」を持つ。上の表に示すように、著作者人格権には、「公表権」「氏名表示権」「同一性保持権」という3つの権利がある。

この裁判において、彫り師は、未公表の刺青を勝手に公表されたことで「公表権」を侵害され、自分の氏名が表示されていないことで「氏名表示権」を侵害され、さらには、刺青の画像が勝手に改変されたことで「同一性保持権」を侵害されたと主張した。

東京地裁は、まず、この刺青が「美術の著作物」であることを認定。そのうえで、本書籍の出版前に、彫り師が自らこの刺青の写真を雑誌の広告欄に掲載していた事実から、刺青はすでに「未公表の著作物」ではなく、彫り師の「公表権」は侵害しないと判断した。

その一方で、東京地裁は、彫り師の氏名を表示しないまま刺青の画像を載せた行為が彫り師の「氏名表示権」を侵害し、また、白黒に反転させてセピア調に改変した行為が彫り師の「同一性保持権」を侵害すると判断し、被告側に対して計48万円の損害賠償の支払いを命じたのである。[*7]

本の泉社によると、当時の総合的な判断により、彫り師の確認を取らずに出版に至ったという。結果論となるが、事前に彫り師にコンタクトして、刺青の画像を改変して掲載することの是非や氏名表示の有無について確認を取っておけば良かったことになる。

観音像の頭部をすげ替えた末に……

著作者人格権を巡る争いのほとんどは、「著作者が不快に感じる」ことで起こされている。そのため、著作者と仲良くしておくだけで事前にトラブルが回避できることが多い。

＊7　その後の控訴審で半額に減額されている。

また、財産権としての「著作権」は他人に譲渡できるが、著作者本人の「個性」にかかわる「著作者人格権」は譲渡できない点にも注意が必要だ。[*8]

たとえば、外部業者に依頼して作ってもらった著作物の「著作権」と「著作者人格権」は、その業者に帰属するため、[*9]その業者から「著作権」を買い取っても、「著作者人格権」はその業者に残ったままとなる。そのため、業者から「著作権」を買い取るのと同時に、「著作者人格権」を行使しない約束を交わす実務がよく行われている。

また、厄介なことに、「著作者人格権」は著作者が死んでしまえば消滅するものと解されているが、例外的に、「著作者が生きているとしたならばその著作者人格権の侵害となるべき行為」については、遺族がその行為を差し止めることなどができるようになっている。

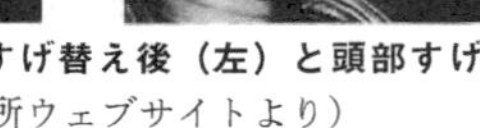
駒込大観音の頭部すげ替え後（左）と頭部すげ替え前（右）（裁判所ウェブサイトより）

それに関しては、東京・駒込にある光源寺の「駒込大観音」を巡る事件が有名だ。

光源寺では、1945年5月の東京大空襲によって焼失した観音像を再建した。ところが、信者や拝観者から、観音像の顔が「驚いたような又は睨みつけるような眼差し」で

「違和感を覚える」といった苦情があったという。要するに、評判があまりよくなかったようなのだ。

そこでお寺側は、観音像を制作した仏師の没後、「観音像の眼差しを修正し、慈悲深い表情に変える」という目的で、勝手に頭部を別のものにすげ替えた。すると、故人の意に反する改変が行われたとして、仏師の遺族から訴えられてしまったのである。

遺族はお寺に対して元の頭部に戻すよう求めたのだが、最高裁まで争われた結果、観音像の原状回復は認められず、その経緯を説明する謝罪広告の掲載のみが命じられた。お寺側としては胸をなでおろしたことだろう。

著作者が亡くなってからでも遺族からクレームがつくこともあるということだが、請求権を持つ遺族は著作者の「孫」の代までなので、「ひ孫」の代以降は、その心配はなくなる。「孫」の代までとなっているのは、著作権の保護期間が、現行法の制定時に原則として著作者の死後50年であったことから、[*10]それとバランスを取るためとも考えられる。

*8 つまり、当初は「著作者＝著作権者」であるが、著作者から誰かが著作権を譲り受けると、「著作者≠著作権者」となる。

*9 団体が従業員に命じて作らせた著作物については、原則として「職務著作」となり、「著作権」も「著作者人格権」もその団体に帰属することになる。

電子玩具「ファービー」の場合

ところで、ペットロボット「ファービー」をご存じだろうか？

ファービーは、全身が毛で覆われた米国製のコミュニケーション人形である。最初はわけのわからないファービー語（ファービッシュ）を喋っているものの、遊びこむと徐々に簡単な日本語を交えて話すようになる。日本ではタカラトミーが販売しており、同社のホームページによると、1999年発売の初代のファービーは日本で約320万個も売り上げたという。

1999年7月、ファービーに目を付けた大阪の会社が、「ポーピィ」というファービーの類似品を中国で作らせて東京の会社に販売し、それらが山形県内で発売された。

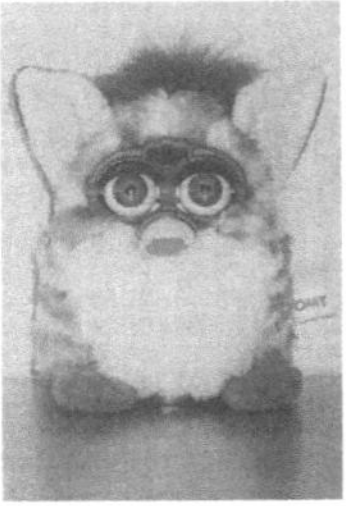

他人の著作権を侵害すると、民事上の責任を問われるだけでなく、刑事罰の対象になることもある（これは商標権や特許権など、他の知的財産権の場合も同様である）[*11]。そのため、ポーピィがファービーの明らかなコピー商品であると判断した山形地検は、「著作権侵害」を根拠にその会社の役員などを山形地裁に起訴した。

初代ファービー（判例時報1763号より）

ところが、2001年9月、山形地裁は、ファービーは「美術の著作物」にはあたらないと判断し、著作権侵害を否定した。検察側は控訴するものの、2002年7月、仙台高裁もその著作物性を否定。これにより被告人は無罪となった。

この話を聞いて、「漫画やアニメのキャラクターのイラストが著作物と判断されているのに、ファービーが著作物と判断されなかったというのは腑に落ちない」と思われる方も多いことだろう。

これは、ファービーが最初から「電子玩具」として作られていることが関係している。じつは、「電子玩具」は、文芸、学術、美術、音楽などの分野に属するものではなく、家具や家電製品と同じように、「産業」の分野に属する「量産できる実用品」と位置づけられており、原則として著作物ではないとされている。その代わりに、「量産できる実用品」は「意匠権」によって保護される建て付けとなっているのだ。

＊10　団体名義の著作物の場合、著作権の保護期間はその公表後70年である。映画の著作物については、2003年の法改正により、いち早くその公表後70年となっていた。

＊11　他人の知的財産権を侵害すると、10年以下の懲役もしくは1000万円以下の罰金、またはその両方が科せられることがある。会社などの法人に属する者が知的財産権の侵害を行った場合は、侵害者とは別に所属する法人に対して3億円以下の罰金が科せられることもある。

そのような理由から、この裁判では、「量産できる実用品」であるファービーに著作物性が認められるためには、美的鑑賞の対象となるレベルの高度の美術性が必要とされたのである。だが、山形地裁も、仙台高裁も、ファービーがそのレベルに達していないと判断したというわけだ。

ならば、山形地検は「意匠権侵害」を根拠に起訴すればよかったのか？

結果としてはそういうことになるが、山形地検が起訴するとき、ファービーの意匠権はまだ成立していなかった。というのも、序章でも説明したとおり、創作と同時に発生する著作権とは異なり、意匠権は、その権利が発生するまでに特許庁で審査を受ける時間が必要となるからである。そのため、山形地検は、著作権侵害を根拠に起訴せざるを得なかったのだ。[*12]

ではここで、仮の話として、最初に「ファービーが登場する漫画やアニメ」が存在していて、その作品に登場するファービーのイラストに基づいて人形が作られていたとしたら、どうであろうか？　裁判での結論が変わっていた可能性もある。というのも、ドラえもんやピカチュウのイラストと同じように、「美術の著作物」といえる「ファービーのイラスト」を三次元化して「ファービーの人形」を制作したのであれば、そ

三越の包装紙（左）と高島屋の包装紙

の人形にも著作権があるという解釈も可能となるからだ。

三越の包装紙と高島屋の包装紙

これと同じ理屈で、著作権の勉強をしているとしばしば引き合いに出されるのが、三越の包装紙と高島屋の包装紙である。

三越の包装紙は、もともとは、洋画家・猪熊弦一郎氏の抽象画を包装紙に転用したものであるから著作権があり、その一方で、高島屋の包装紙は、初めから包装紙としてデザインされているため、著作権がないというのである。

この理屈にしたがえば、最初に何らかの「美術の著作物」を創作してから、それを展開するビジネス戦略を取ったほうが、著作権侵害を主張するときに自分側に有利に働く可能性があることになる。「なんか変だなぁ」と思われる方もいるかもしれないが、「量産できる実用品」であっても、「意匠権」だけではなく「著作権」が主張できるストーリーを考える戦略も重要であるということだ。

＊12 起訴後、ファービーの意匠権が成立した（意匠登録第1056700号）。

言語の著作物――「倍返しだ！」の権利は？

次に「言語の著作物」について取り上げることにしよう。前掲したように、言語の著作物には、論文、小説、脚本などがある。文字として書かれたものだけではなく、講演や演説など、話した言葉も著作物となる。

ただし、「人間の思想・感情を創作的に表現したもの」が著作物なので、言語で構成されていても、次のものは著作物ではないとされている。

1．単なる事実やデータ

「本日の東京の最高気温は25度」といった文章や、料理の食材リストなど、事実やデータを言語化しただけのものは、人間の思想・感情とは関係がないため、著作物ではない。

2．短いフレーズ

「倍返しだ！」「ダメよ～、ダメダメ！」「いつやるの？ 今でしょ！」

ここまで短いフレーズに創作性を認めることは困難なため、これらは著作物ではない。

もし、和田アキ子氏の「はっ！」の掛け声に権利が発生するのだとしたら、「はっ！」と口にしただけで著作権侵害となってしまい、世の中が大混乱に陥ってしまう。

3．人名などの名称

自分の子供や、作品の登場人物の名前なども、一般的に短すぎることから著作物性はない。同姓同名の人に権利を主張されるなどしたら、たまったものではないだろう。

4．小説・楽曲・番組・映画などのタイトル

『五体不満足』『世界に一つだけの花』『家政婦のミタ』『アナと雪の女王』

このようなタイトル（題号）にも、複数の単語を組み合わせただけの比較的短めのものが多いため、一般的に、著作物性は認められない。[*13]

5．新聞・雑誌等の記事の見出し

「みのもんた『成金コネ一家』の崩壊」「清原和博　緊急入院　薬物でボロボロ」

よく練られていると感じさせる『週刊文春』の記事の見出しである。ある程度の創作性

*13　ただし、著作物のタイトル（題号）については、その著作物と同じように同一性保持権による保護が認められているため、著作者の意に反した改変はできない。

はあるのだろうが、やはり比較的短めのため、一般的に、著作物性はないとされている。

2002年に読売新聞が、自社のウェブサイト「ヨミウリ・オンライン」に掲載した記事の見出しが無断配信されているとして裁判を起こしたことがあったが、「マナー知らず大学教授、マナー本海賊版作り販売」「A・Bさん、赤倉温泉でアツアツの足湯体験」（A・Bさんは夫婦）などの見出しについては、その著作物性が否定されている。

6. 標語、キャッチフレーズ、スローガン

原則として、著作物性はないとされているが、判断は難しい。
たとえば、実際の裁判において、「ある日突然、英語が口から飛び出した！」に著作物性がないと判断されたことがある一方で、「ボク安心　ママの膝より　チャイルドシート」に著作物性があると判断されたことがある。
これら6つのいずれにも該当しなければ、ありふれた表現でない限り、言語の著作物に該当すると考えてよさそうだ。[*14]
なお、短歌や俳句は比較的短めではあるが、原則、著作物性はあるとされている。

槇原氏が『銀河鉄道999』をパクった?

短い表現の場合、当然のことながら、同じようなものが見つかることも珍しいことではない。単なる偶然の一致もあるが、つい出来心で他人の表現を気軽に流用してしまうこともあるようで、メディアを賑わした盗作騒動も数多い。

たとえば、2003年4月、綾小路きみまろ氏が「サラリーマン川柳」からの盗用を認めて謝罪した。また、2004年11月、元「モーニング娘。」の安倍なつみが故・相田みつをやaikoなどの作品を、作詞の際に盗用したことを認めて謝罪・謹慎している。さらに、2015年12月には、平浩二氏の「ぬくもり」の歌詞がMr.Childrenの「抱きしめたい」と酷似しているとして、そのCDが自主回収された。

裁判にまでなったものとしては、「漫画家・松本零士vs.シンガーソングライター・槇原敬之」の盗用騒動がある。

2006年10月、槇原氏がCHEMISTORYに提供した楽曲「約束の場所」のフレーズの一部が、松本氏の『銀河鉄道999』(新展開編)の作中のセリフの盗用であるとして、

*14 「言語の著作物」であっても、「憲法その他の法令」「国や地方公共団体などの告示」「裁判所の判決」など、著作権がない著作物もある。

松本氏が2006年10月19日発売の『女性セブン』で槇原氏を非難したのがそもそもの発端だ。その後、松本氏はテレビ番組にも出演して同氏を非難した。

松本氏が問題としたのは、次のフレーズであった。

夢は時間を裏切らない　時間も夢を決して裏切らない（槇原氏）

時間は夢を裏切らない　夢も時間を裏切ってはならない（松本氏）

「時間」と「夢」が入れ替わっている以外、たしかに共通点が多い。

槇原氏は、個人的趣味から『銀河鉄道999』を読んだことがないと反論し、著作権侵害の不存在確認や名誉棄損の訴えを東京地裁に起こした。

2008年12月、東京地裁は、槇原氏が松本氏のフレーズに接したものと推認することはできないなどの理由から「依拠性」を否定した。また、明確ではないながらも、「両表現から受ける意味合いが相当異なることからすると、両表現の相違は大きいということができる」など「類似性」を否定できる判断も示した。そして、槇原氏に対する名誉毀損を認めて松本氏に220万円の損害賠償の支払いを命じたのである。[*15]

これくらい短い表現の場合、仮に著作物性があるとしても、著作権侵害とは判断されにくいということだ。

小保方氏が『銀河鉄道999』をパクった？

それでは、一時期インターネットで話題となった小保方晴子氏の松本零士作品からの盗用疑惑についてはどうだろうか？

じつは、小保方氏によるＳＴＡＰ細胞論文の「パクリ疑惑」が指摘されていた当時、早稲田大学の博士論文にまで疑惑が飛び火したかと思ったら、いつの間にか、中学時代の読書感想文までもが、その追及対象となっていたのである。

小保方氏は中学2年生の時に、『ちいさなちいさな王様』（講談社）という書籍を題材にして読書感想文を執筆。千葉県の「青少年読書感想文県コンクール」において最優秀賞を受賞した。筆者も小保方氏の感想文を読んでみたが、思春期の心の葛藤がよく表現されていて、なかなかよい文章だと思った。さすが最優秀賞を受賞しただけのことはある。

ところが、その感想文の記載の一部が、映画『さよなら銀河鉄道999』におけるキャ

＊15　その後の控訴審で和解が成立した。

プテン・ハーロックのセリフに酷似しているという指摘がなされたのである。*[16]

本当の永遠の命とは、自分の血が子供へ、またその子供へと受けつがれていく（小保方氏）

親から子へ。子からまたその子へ血は流れ、永遠に続いていく。それが本当の永遠の命だと、俺は信じる（ハーロック）

なるほど。たしかにその言わんとしていることは同じである。

だが、同じようなことを言っている人はほかにもいそうだし、表現としてもかなり差異がある。仮に裁判になったとしても、著作権侵害は否定される可能性が高そうだ。

著作権は様々な権利の束

比較的長めの著作物である小説やエッセイでも、盗作疑惑が話題になることが多い。

著作権の考え方が確立されていなかった時代には、オリジナルをアレンジして新たな著作物を創作する、いわゆる「翻案」が普通のこととして行われていた。

たとえば、シェイクスピアの戯曲は、その多くが既存の物語や詩などを翻案したものであると言われている。著名な『ロミオとジュリエット』にしても、アーサー・ブルックの『ロミウスとジュリエットの悲しい物語』を元ネタにしたという説が有力だし、物語のモチーフ自体は、ギリシャ神話やローマ神話にまでさかのぼる。童話『シンデレラ』についても、「ガラスの靴」と「カボチャの馬車」が登場するシャルル・ペローの作品以外にも、世界各地に様々なバリエーションの物語が存在する。

もちろん、現在においては、著作権者に無断でその著作物を複製することはもちろん、翻案することも原則として許されない。自ずと「依拠性」と「類似性」の双方を満たすことになるため、著作権侵害となってしまうからである。さらにオリジナルを改変すると、著作者人格権（同一性保持権）も侵害してしまう。

序章において、著作権のことを「著作物を使う一定の行為」をコントロールできる権利であると説明したが、具体的には次頁に示すように、著作物を複製する「複製権」[*17]、著作物を翻案する「翻案権」など、様々な権利の束となっている。「著作権侵害」にも、「複製権侵害」や「翻案権侵害」などがあるということだ。

＊16　松本氏の原作が映画化されたものなので、その「二次的著作物」となる。

複製権	著作物を印刷、写真、複写、録音、録画などの方法によって有形的に再製する権利
上演権・演奏権	著作物を公に上演したり、演奏したりする権利
上映権	著作物を公に上映する権利
公衆送信権・公の伝達権	著作物を自動公衆送信したり、放送したり、有線放送したり、また、それらの公衆送信された著作物を受信装置を使って公に伝達する権利 ＊自動公衆送信とは、サーバーなどに蓄積された情報を公衆からのアクセスにより自動的に送信することをいい、また、そのサーバーに蓄積された段階を送信可能化という。
口述権	言語の著作物を朗読などの方法により口頭で公に伝える権利
展示権	美術の著作物と未発行の写真著作物の原作品を公に展示する権利
頒布権	映画の著作物の複製物を頒布（販売・貸与など）する権利
譲渡権	映画以外の著作物の原作品又は複製物を公衆へ譲渡する権利
貸与権	映画以外の著作物の複製物を公衆へ貸与する権利
翻訳権・翻案権など	著作物を翻訳、編曲、変形、翻案等する権利（二次的著作物を創作することに及ぶ権利）
二次的著作物の利用権	自分の著作物を原作品とする二次的著作物を利用（上記の各権利に係る行為）することについて、二次的著作物の著作権者が持つものと同じ権利

著作権（財産権）（著作権情報センターのホームページより）

ところで先ほど、オリジナルをアレンジして新たな著作物を創作することを「翻案」と説明したが、オリジナルの「アイデア」を参酌して、別途新たな著作物を創作した場合はどうであろうか？じつは、その新たな著作物からオリジナルの「表現上の本質的な特徴を直接感得」できなくなっていれば、著作権侵害には該当しないものと考えられている。

たとえば、小説やエッ

セイであれば、ストーリー構成や人物設定は、具体的な表現として外部に現れていない「アイデア」である。だから、先行作品と「アイデア」が共通する後発作品を作っても、「表現としてあらわれている部分」が先行作品とまったく違うものになっていれば、著作権侵害とはならない。「高校生の女子マネージャーが有名なビジネス書を読み込んで、野球部を甲子園に導く感動物語」を書くのも、「学年ビリだった女子高生が一念発起して、1年で偏差値を大きく上げて難関大学に現役合格する成長物語」を書くのも、自由ということである。

難しいのは、「歴史上の事実」をモチーフにしている場合だ。好むと好まざるとにかかわらず、どうしても「表現としてあらわれている部分」も似通ってくるからである。そのため、先行作品よりも後発作品がヒットすると、先行作品の著者が「著作権侵害だ」と騒ぎ出すことがある。

だが、実際に著作権侵害であるのかについては、「依拠性」についての判断が必要だ

＊17　著作権は英語で「コピーライト（copyright）」というだけあり、もともとは複製に関する権利である。1445年頃にドイツのグーテンベルクが活版印刷機を発明して大量印刷が可能となり、著作権制度は氾濫する海賊版を規制する試みの中で発展を遂げていった。なお、オリジナルに多少の修正・増減を施しただけのものも「複製」に該当する。

し、「類似性」についても、「ありふれた表現」なのか、先行作品の「表現上の本質的な特徴を直接感得」することができるのか、といった判断が必要になる。そのため、明らかな複製でもない限り、本当に侵害しているかどうかは裁判をしてみなければわからない。

最近では、何らかの盗作疑惑が取り沙汰されると、インターネット上に直ちに「検証サイト」が立ち上がり、そこで著作権侵害を前提として、議論が盛り上がることが多い。

今世紀初頭に発生した作家・田口ランディ氏を巡る一連の盗作疑惑が、この種の騒動の先駆けだろう。本来であれば、著作権侵害か否かについては裁判で決着をつけるべき話なのだが、インターネットで独自の検証が進み、それに基づく非難や批判が拡大した。[*18]

また、2009年2月に出版された、東京ディズニーランドでの心温まる話を集めたとされる『最後のパレード　ディズニーランドで本当にあった心温まる話』（中村克著、サンクチュアリ・パブリッシング）も、盗作のオンパレードであるとして、インターネット上で袋叩きに遭った作品として有名だ。版元が著作権侵害の可能性の高いものが複数含まれていることを認めたことで、同書は回収・絶版に追い込まれた。

『バター』が『チーズ』に勝つ方法はあったのか？

それでは、いわゆる「パロディ本」の場合はどうであろうか？

その点で注目されたのが、２０００年11月に出版された『チーズはどこへ消えた？』（スペンサー・ジョンソン著、扶桑社）[*19]と、その「二番煎じ」の類似本として２００１年４月に出版された『バターはどこへ溶けた？』（ディーン・リップルウッド著、道出版）を巡る裁判であった。『バター』はその外観や全体的な構成が『チーズ』とよく似ているだけではなく、ページ数も定価も同じという徹底ぶりで、『チーズ』を出版する扶桑社は、『バター』が著作権を侵害しているとして販売差し止めの仮処分を求めたのである。

２００１年12月、東京地裁は、『チーズ』と『バター』の双方で類似する具体的表現を列挙し、それらが「創作的な表現部分であると認められる」として、『バター』が『チーズ』の翻案権を侵害していると認定した。[*20]

＊18　問題となった田口氏の小説『アンテナ』と『モザイク』は、絶版後に改稿されて文庫化されている。

＊19　世界的にベストセラーとなった『Who Moved My Cheese？』の日本語訳版。２００１年の年間ベストセラー1位。現在でも年間1万部売れ続け、累計４００万部のロングセラーとなっている（トーハンホームページ２０１５年9月3日ニュースリリースによる）。

＊20　扶桑社は不正競争防止法に基づく仮処分申請も行っていたのだが、東京地裁は、消費者が「間違って購入する」「続編と勘違いする」「関係性を誤解する」可能性は低いとして、こちらについては認められなかった。

『チーズ』と『バター』の表紙

『チーズ』が「状況の変化を受け入れて前向きに行動しなくてはいけない」と論じているのに対して、『バター』は「欲望を追い求めて突っ走ると大切なものを失ってしまう」と論じて正反対の結論を導くなど、その内容には相違点も多い。だが、東京地裁は、「パロディーの表現によりもとの著作物についての著作権を侵害することは許されないというべきである」と述べている。

要するに、「パロディだからといって特別扱いはしない」ということだが、複製や翻案なしでパロディとして成立させることも難しいだろう。パロディが文化を発展させる側面もあるので、何らかの例外的なルールを設けてもよいかもしれない。

音楽の著作物——早稲田の校歌「都の西北」はパクリ⁉

「美術」「言語」の次は、「音楽の著作物」について見ていこう。楽曲単独でも「音楽の著作物」だが、「言語の著作物」である歌詞に楽曲を伴ったものも「音楽の著作物」となる。

音楽についても、著作権の考え方が確立されていなかった時代は、同じような楽曲がたくさん存在していた。実際にクラシック音楽には似通ったものが多い。たとえば、ブラームスの「ハンガリー舞曲集」は、既存の民族舞曲を組み合わせたものだし、モーツァルトやベートーベンの作品にも先行素材を拝借したと指摘されている箇所がある。

現代においても、先行作品を参考にして新しい音楽を作るのは普通のことだ。映画監督が音楽家に対して「○○みたいな感じの音楽を作ってくれ」と頼むことが多いと言われているし、佐村河内守氏がゴーストライター・新垣隆氏に向けて書いた「交響曲第一番HIROSHIMA」の指示書にも、「モーツァルト」「バッハ」といった作曲家名や、「レクイエム」「ヨハネ受難曲」といった楽曲名が記述されていた。

だが、音楽については、いわゆる「パクリ疑惑」はそれほど盛り上がらないことが多い。「見てすぐわかる」という面がある「美術の著作物」や「言語の著作物」と比べて、「音楽の著作物」は「よく聴いてみないとわからない」ことが一因かもしれない。

それでは、次の3つの楽曲についてはどうだろうか？　いずれもインターネットの複数のサイトで紹介されているものである。

1. 早稲田大学の校歌「都の西北」

実際に聴き比べればわかるが、米イェール大学の校歌「Old Yale」に似ている。

じつは、早稲田大学学生部が発行する学生向け週刊広報紙「早稲田ウィークリー」のホームページには、「校歌の謎」という検証記事が載っている（２００７年11月22日掲載）。それによると、「都の西北」が「Old Yale」に似ているという指摘は、１９６０年代には音楽関係者の間ですでにあったらしい。その後、「早稲田大学校歌研究会」による資料収集や楽譜探しが行われ、「Old Yale」の楽譜が古い大学歌集の中から発見されたという。

会場では、再現楽譜が色分けされており、冒頭とラストの類似部分とその他、大部分の東儀鉄笛（とうぎてつてき）の創作部分が一目瞭然となっていた。早稲田大学混声合唱団によるこの「Old Yale」再現合唱の録音も流れており、誰の目にも耳にも、東儀鉄笛がこの曲を参考にして作曲したことが分かる。

（「早稲田ウィークリー」より）

そして、さらなる調査によって、「Old Yale」が１８３７年にイギリスで流行していた「The Brave Old Oak」の借用であること、さらに70年前にさかのぼって「Hearts of Oak」という曲想の似ているものがあること、などが判明したという。

当時の時代背景を考えれば、こういったことも珍しくはなかったのだろう。

現在の著作権法の考え方に照らし合わせると、編曲（音楽の翻案）[*21]に編曲を重ねて制作されていったと考えることもできるかもしれない。もっとも、「類似性」が認められなければ、もちろんこれらはそれぞれ独立した著作物となる。

2. 山田耕筰の童謡「赤とんぼ」

実際に聴き比べると、前半部分がシューマンの「序奏と協奏的アレグロ ニ短調 Op. 134」(Concerto-Allegro with Introduction d-moll, Op. 134)で繰り返し登場するフレーズと似ている。

正直言って、これだけ短いフレーズだと、偶然の一致の可能性も高い。

ところが、かつて「パクリ疑惑」が持ち上がったことがあった。1981(昭和56)年4月12日の「夕刊フジ」の2面に、「赤とんぼ……シューマンから飛び出した!!」という見出しのもと、その類似性を指摘する記事が掲載されたのだ。マスコミがこういったネタを好むのは、今も昔も変わらないようである。

このネタを提供した作家・吉行淳之介氏の随筆「赤とんぼ騒動」には、取材に来た「夕刊フジ」の記者とのやり取りが載っている。

＊21 著作権法の条文上は、翻訳、編曲、変形、翻案という4つの行為が規定されているが、二次的著作物の作成という観点では、その違いについて特に気にする必要はない。

「音楽ではよくあることだから、おもしろい話として取扱ってください」と言った。「ドイツの民謡から、シューマンが採ったメロディかもしれない」とも、言っておいた。内容はそのとおりになっていたが、『えっ山田耕筰さんが盗作⁉』なんていう小見出しも付いていた。

この記事が出て三日後、同じ新聞に関連記事が出た。石原慎太郎氏が二十年ほど前、友人のドイツ人と一緒のとき、「赤とんぼ」の曲が流れると、「これはドイツの古い民謡だよ」とそのドイツ人が言い出し、「いや、これは日本の有名な作曲家のものだ」という石原氏と意見が対立したそうだ。そのことを石原氏が随筆に書いたところ、当時存命の山田耕筰氏から強い抗議がきた、という。

（『赤とんぼ騒動―わが文学生活1980〜1981』吉行淳之介著、潮出版社、1981年）

石原慎太郎氏がこんなところで登場するとは……。

この部分が本当に「ドイツの古い民謡」の一節なのだとすると、山田耕筰がドイツ留学中にこのメロディを耳にしていた可能性もなくはない。

ちなみに、「赤とんぼ」の著作権は、歌詞については2014年末に、楽曲については

2015年末にすでに消滅している。[*22] そのため、「赤とんぼ」を演奏したり歌ったりするにあたって許諾を取る必要はない。

ただし、「赤とんぼ」を誰かが演奏したり歌ったりしているケースについては話が異なる。序章で説明したように、「著作隣接権[*23]」として「実演家の権利」が認められているため、たとえば、演奏家や歌手に無断でその実演の様子を録音・録画することはできない。保護期間はその実演後70年である。

また、実演家は、氏名表示権と同一性保持権からなる「実演家人格権」も有しているので、その点にも注意が必要だ（なお、演奏家や歌手の写真を撮影してそれを利用することは、著作隣接権ではなく、後述する肖像権・パブリシティ権の問題となる）。

＊22　作詞者である三木露風が1964年12月29日没、作曲者である山田耕筰が1965年12月29日没であるため。著作権の保護期間の場合、計算方法を簡便にするべく死亡した翌年の1月1日から起算されるので、権利満了は通常12月31日となる。

＊23　「著作隣接権」には、「実演家の権利」のほか、「レコード製作者の権利」「放送事業者の権利」「有線放送事業者の権利」がある。最後の二つの保護期間は放送・有線放送後50年である。

3．フジテレビ系の人気ドラマシリーズ『踊る大捜査線』のテーマ曲「Rhythm And Police」
メキシコの作曲家、ロレンソ・バルセラータ（Lorenzo Barcelata Castro）が作曲・作詞した「エル・カスカベル（El Cascabel）」に似ている。一時期、インターネットで話題となった。

両曲の関わりは不明だが、バルセラータが死去したのが１９４３年であるため、少なくとも日本国内においては、１９９３年にその著作権の保護期間は満了している。

「どこまでも行こう」vs.「記念樹」

これら３つの楽曲に限った話ではなく、「何となく似ている」とか、「部分的によく似たところがある」と感じさせる音楽は非常に多い。だが、音楽とはそういったものだと思われているのか、異なるものとして別々に公表された楽曲を巡って、著作権侵害であるかどうかが裁判で争われたことはほとんどない。

その中で貴重な裁判例といえるのが、「記念樹事件」だ。

１９９８年７月、作曲家の小林亜星氏が、同じく作曲家の服部克久氏に対して、服部氏の作曲した「記念樹」が、自分の曲「どこまでも行こう」とそっくりであり、著作権を侵害されたとして、同曲の著作権を有する音楽出版社とともに、約１億円の損害賠償を求めて東京地裁に提訴したのである。

服部氏が「記念樹」を作曲したのは1992年だが、小林氏は、98年になってからテレビを見ていて両曲が似ていることに初めて気がついたという。そして、そのことを服部氏に指摘したものの話し合いがまとまらなかったため、提訴に踏み切ったというのだ。「どこまでも行こう」が有名な曲なのに、服部氏が「存在を知らない」と答えたことも小林氏の神経を逆なでしたようだ。

2000年2月、東京地裁は、「全体として同一性があるとは認められない」と判断したため、小林氏側の敗訴となったが、その後、逆転判決が出ることになる。

2002年9月、東京高裁は、「メロディーの音の72パーセントが同じ高さの音」であるなど「表現上の本質的な特徴の同一性」があるとして類似性を認定した。そして、「どこまでも行こう」が著名な楽曲であることや、服部氏が依拠したと考えるほかないほど両曲が酷似しており、偶然の一致によって生じたものと考えることは不自然であるとして、依拠性も認めた。[*24] こうして、服部氏が小林氏側の「編曲権」を侵害しているとして、服部氏に対して約940万円の損害賠償の支払いが命じられたのである。

服部氏は上告するものの、最高裁の上告不受理により、2003年3月に高裁判決が確

＊24　服部氏のように本人が否定しても、客観的な条件から「依拠性」が認定されることもある。

定。こうして「記念樹」はお蔵入りとなってしまった。

この裁判のことを意識して発言したのかどうか定かではないが、その11年後、服部氏はエッセイストの阿川佐和子氏との対談で、次のような発言をしている。

服部　メロディーというのは十二音の組み合わせでしょう？　数学的には無数のパターンがあるんですけど、人間にとって本当に心地よい組み合わせというのはいくつもないんですよ。

阿川　心地よいメロディーには限りがあるんですか？

服部　そうです。その中で年間何万曲も生み出されるわけですから、完全に新しい曲なんてあり得ないし、何か作るとすぐマネだって言われちゃう。アメリカでラップが流行ってる理由には、新しいメロディーがなくて、しゃべるしかないということもあると思います。メロディーライターにとってはつらい時代ですね。

（「阿川佐和子のこの人に会いたい」『週刊文春』２０１４年7月17日号）

高裁判決が出たときは、その数量的アプローチに感心したが、この主張を聞くと、音楽にはそういった手法が向かないような気もしてくる。皆さんはどう思われるだろうか？

映画の著作物——『武蔵』と『七人の侍』

ここで「映画の著作物」についても触れておこう。「映画の著作物」には、劇場用映画のほか、テレビ番組やビデオ動画なども含まれる。

映画の著作物については、その著作権が原則として映画制作者に帰属することや、映画ソフトの流通をコントロールできる「頒布権」が認められている点が大きな特徴となっている。[*25]

これまで多数の映像作品が制作されてきたことから、「映画の著作物」についても、先行作品を参考にしながら新しい作品を作り出すことは、ごく一般的なこととなっている。

たとえば、ジョージ・ルーカス監督の映画『スター・ウォーズ』は、その人物設定やストーリーの流れなどにおいて、故・黒澤明監督の映画『隠し砦の三悪人』から着想を得ているし、ウォシャウスキー姉妹[*26]監督の映画『マトリックス』は、その世界観やシーン設定

＊25　他の著作物と比べて「特別扱い」されているのは、「映画の著作物」を制作するのに膨大なコストがかかるなど、その特殊性によるところが大きい。

＊26　映画『マトリックス』の公開時は「ウォシャウスキー兄弟」と呼ばれていたが、その後、いずれも性転換手術を受けて性別が変わったため、現在は「ウォシャウスキー姉妹」と呼ばれている。

などにおいて、押井守監督のアニメーション映画『GHOST IN THE SHELL／攻殻機動隊』の影響を受けている。

当然、著作権を侵害しているのではないかと指摘された作品も少なくない。

実際に裁判となって注目されたのが、黒澤明監督の遺族（長男と長女）が原告となった、NHK製作の2003年放送の大河ドラマ『武蔵　MUSASHI』（原作：吉川英治『宮本武蔵』）を巡る著作権侵害訴訟である。

『武蔵』はNHKテレビ放送開始50周年、大河ドラマ40周年記念作品として製作された記念碑的な作品で、主人公の宮本武蔵を当時の市川新之助（現在の市川海老蔵）が演じた。

性や暴力に関係するシーンが度々出てくることでも話題を呼んだが、黒澤監督の遺族が問題にしたのは、そこではない。

遺族側は、『武蔵』の第1話が黒澤監督の映画『七人の侍』に酷似しており、『七人の侍』の脚本・映画の著作権と、それに関する黒澤監督の著作者人格権を侵害しているとして、NHKと脚本家を相手取り、その複製・上映などの差し止めと損害賠償、さらには謝罪広告・謝罪放送を求めたのである。

そもそもの発端は、『週刊文春』（2003年1月23日号）に掲載された「NHK大河『武蔵』は黒澤映画『七人の侍』のパクリだ」と題する映画評論家・白井佳夫氏による告発記事だった。この記事を読んでから両作品を見比べてみると、たしかに、『武蔵』第1話が『七人の侍』の影響を受けていることがわかる。

遺族側も、『武蔵』における村人が侍を雇って野武士と戦うストーリーや、霧や豪雨の中の合戦の表現などが『七人の侍』の「表現上の本質的な特徴を感得」できると主張した。だが、2004年12月、東京地裁は、「いくつかの場面において一定の共通点が認められるが、共通する部分はアイデアの段階にとどまる」として、遺族側の訴えを棄却した。遺族側は「知財高裁」(知的財産高等裁判所)に控訴し、映画『七人の侍』が「極めて著名な作品」であることなども主張した。しかし、2005年6月、知財高裁は、有名であるからといって著作物の保護や著作権侵害の基準が変わるわけではないとして、その主張を認めなかった。[*27]

結局のところ、「なんかそれっぽい」と思わせるレベルに過ぎないものは、著作権侵害とは判断されにくいということだ。実際に、映画業界においても、「オマージュ」として許容されているのが一般的なところではないだろうか。

なお、ここで「知財高裁」という裁判所が出てきた。これは知的財産に関する事件を専

＊27　2005年10月、最高裁が上告を棄却。

門に取り扱う東京高裁の支部である。2005年4月設立のため、それ以降の事件には頻繁に登場するが、それ以前の事件には名前が出てこない。この先を読み進めるにあたって、その点には注意してもらいたい。

パックマンの「上映権」を侵害

ところで、意外に思われるかもしれないが、ゲームソフトの映像部分も「映画の著作物」である。[*28]

裁判においてそう初めて判断されたのが、いわゆる「パックマン事件」だ。

「パックマン」とは、ナムコが製造販売していたアーケードゲームである。筆者が子供の頃は、テーブルがゲーム台を兼ねたゲーム機を設置している喫茶店が多く、そこで「ブロックくずし」「インベーダーゲーム」「パックマン」などが遊べるようになっていた。同級生の自宅が喫茶店だったため、放課後はそこに通い詰めて、よく「パックマン」で遊んだものだ。

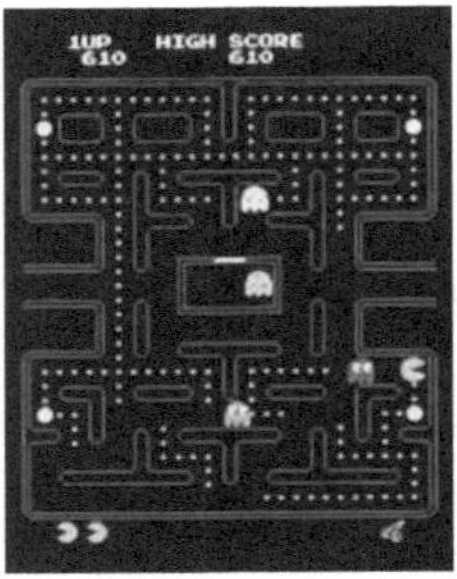

「パックマン」のプレイ画面
（公式ホームページ「パックマンウェブ」より）

そんなゲームブームで盛り上がっていた1980年10月からの約9ヵ月間、大手喫茶店チェーン「マイアミ」の東京都内の数店舗に「パックマン」の海賊版ゲーム機が置かれた。そこでナムコは、「パックマン」が「映画の著作物」であり、海賊版を設置した3社がその「上映権」を侵害しているとして損害賠償を求める訴えを起こしたのである。

1984年9月、東京地裁は、次のような理由から「パックマン」が「映画の著作物」であることを認め、被告側がその上映権を侵害しているとして約540万円の損害賠償の支払いを命じた。

……パックマンは円形で一方向に口と目があり、口は進むのにあわせてパクパクと開閉し旺盛な食欲で次々にエサを食べていくこと、四匹のモンスターは……ヒラヒラした裾と目があり、……ユーモラスな印象を与える表情をしていること、そして……プレイヤーがゲーム機にコインを投入した際あるいは一定条件を満たした際に演奏される……音楽とによって表現されているところは、「パックマン」に独特のものであることが認

＊28　ただし、2002年2月に最高裁が、ゲームソフトの「頒布権」については最初の譲渡で用い尽くされる（消尽する）と判断したため、「映画の著作物」であるにもかかわらず、転売市場での無許可販売（中古販売等）が合法となっている。

められ、これを覆えすに足る証拠はない。そうすると、ビデオゲーム「パックマン」は、著作者の精神的活動に基づいて、その知的文化的精神活動の所産として産み出されたものであり、著作物性を有すると認めることができる。

ゲームソフトが、アートとして認められた瞬間であった。

なお、1985年の法改正で、「プログラムの著作物」が著作権法に明記されたことで、ゲームソフトは「プログラムの著作物」としても保護されるようになっている。

AKB恋愛ゲームには特許権がある

それでは、ヒットしている既存のゲームソフトの海賊版ではなく、それと似通った別のゲームソフトを新たに作った場合はどうだろうか？

その場合は、著作権侵害には問えないことも多い。なぜなら、すでに述べているように、先行作品と「アイデア」が共通している後発作品を作っても、「表現としてあらわれている部分」が先行作品とまったく違うものになっていれば、何ら問題はないからだ。

そのため、自社のゲームソフトと似たようなものを他社が出してこないように、自社のゲームソフトに関する技術的な「アイデア」について、「特許権」を取得することがよく

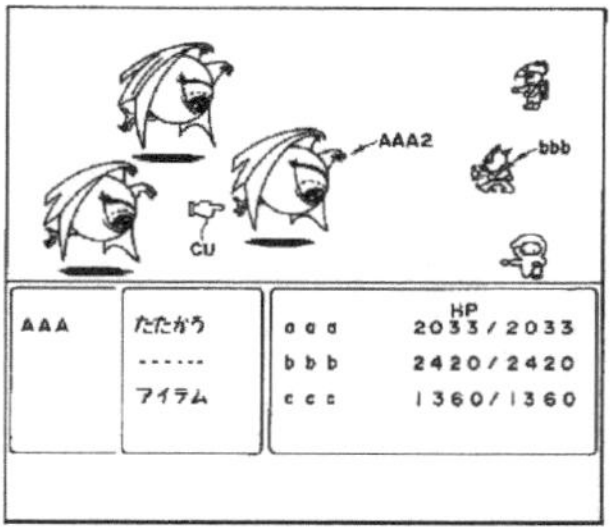

行われている。[*29]

有名なものとしては、スクウェア・エニックスの「アクティブタイムバトル」のシステムの特許が挙げられるだろう（特許第2794230号）。

このシステムは、同社の『ファイナルファンタジーⅣ』で初めて登場した。それまでのロールプレイングゲーム（RPG）は、将棋やオセロゲームのように、敵と味方が交互に攻撃し合うものに過ぎなかったが、そのゲーム世界に

「アクティブタイムバトル」（特許第2794230号）

時間の概念を導入し、時間の流れを戦闘の流れに沿って調整できるようにしたのである。味方キャラの攻撃時でも、敵キャラのタイマーが時間切れになると勝手に攻撃してくるようになったので、戦闘シーンの臨場感や緊張感が格段に高まった。「従来止まっていた時間をアクティベートした」ことから、「アクティブタイムバトル」と命名されたという。

*29 特許権の保護対象となっているのは、コンピュータソフトウェアに関する技術的な「アイデア」であるため、著作物そのものが特許権による保護を受けることはない。「特許権」については第3章で詳述する。

このシステムが特許となったことで、同じ仕掛けを施したゲームを製造販売すると、スクウェア・エニックスの特許権侵害となってしまう。そのため、この特許の存続期間が満了する2011年7月まで、競合メーカーは類似のシステムを作ることができなかった。

また、最近では、秋元康氏がプロデュースしたPSP（プレイステーションポータブル）向けの恋愛ゲームソフト『AKB1／48　アイドルに恋したら』（AKBメンバーを振りまくるゲーム）のアイデアの一部が特許になっている（特許第5710187号）。

ゲームソフトのみならず、コンピュータソフトウェアに関する技術的な「アイデア」について「特許権」を取得すると、著作権と特許権とを組み合わせた複合的な保護を図ることができるようになる。コンピュータソフトウェアの制作・販売といったビジネスを進めるうえで、このような戦略を取ることは極めて重要となっている。

写真の著作物——廃墟写真がOKでスイカ写真がNGだった理由

ここからは「写真の著作物」について説明することにしよう。

写真については著作物性が認められやすい傾向がある。

もちろん、自動証明写真など機械が自動的に撮影した写真や、被写体をそのまま平面的に忠実に写し取っただけの写真は、撮影者の個性が表現として発揮されていないので、著作物性はない。

だが、そこら辺の子供やおばちゃんが撮った写真であっても、画面構成やシャッターチャンスなど、撮影者の個性が表現として現れているという理由から、著作物性はあると考えられている。美術鑑賞性は必ずしも必要とはされていない。今までの裁判でも、プロ写真家が撮影した風景写真や報道写真だけではなく、単なるカタログ写真やスナップ写真にも著作物性が認められている。

実際に、他人が撮影した写真をそのまま転載してトラブルになった例は数多い。

そのため、何の変哲もない写真であっても、後述する「引用」に該当しない場合は、その利用にあたって撮影者から許可を取ることが一般的となっている。

たとえば、あるとき、民放テレビ局の番組担当者から筆者宛てにメールが来た。筆者が中米を旅行後にインターネットで公開していた現地のレストランの正面外観の写真を番組で使いたいという。だが、写真提供の対価についてはおろか、どういった文脈で写真を使うのかについて何の説明もない。筆者が回答を保留していたところ、なんと、あっさりと諦めてきた。同じレストランを似たような構図で撮影した写真は他にも見つけることができるので、おそらく別の提供者が見つかったのだろうが、このレベルの写真であっても、テレビ局はいちいち許可を取っているということだ。

事件名	原告写真(上)と被告写真(下)の比較	裁判所の判断
廃墟写真事件		廃墟となっていた施設で撮影した写真を収録した写真集を出していた写真家・丸田祥三氏が、同じ廃墟で写真を撮影した写真家・小林伸一郎氏を提訴。東京地裁、知財高裁ともに、表現上の本質的な特徴が異なっているとして著作権侵害を**否定**。
スイカ写真事件		食品・料理写真家の黄建勲氏が他の写真家を提訴。東京地裁は、アイデアは共通するが、創作的な表現が異なるとして著作権侵害を否定。だが東京高裁は、依拠性を認定したうえで、原告写真は「撮影の対象物の選択、組合せ、配置等において創作的な表現」がなされていて、被告はそれを「粗雑に再製又は改変したにすぎない」として著作権侵害を**認定**。

写真に関する著作権侵害をめぐる裁判例（廃墟写真事件の上写真は『日本風景論』〔2000年〕、下写真は『廃墟をゆく』〔2003年〕より。スイカ写真事件の写真は裁判所ウェブサイトより）

著作権侵害となるのかどうか判断が難しいのは、他人が撮影した写真と一見して似たような写真を撮影し、それを使った場合である。上の表に有名なふたつの事件を示した。

素人目には、いずれの事件においても、原告と被告の写真が随分と似通っているように見えるかもしれない。だが、「廃墟写真事件」で著作権侵害が否定された一方で、「スイカ写真事件」では著作権侵害が認定された。

このふたつの事件には様々な違いがあるが、もっとも大きく違う点は、存在するものをそのまま撮影したか、被写体における素材の選択・組合せ・配置などを撮影者がコントロールして撮影したか、という点であろう。撮影場所や被写体の選択は「アイデア」に過ぎないが、撮影者が人為的に被写体をコントロールしたものは「創作的な表現」として認められやすいということだろうか？

どうも腑に落ちないところがある。

肖像権とパブリシティ権

また、写真の著作物については、それ特有の面倒な問題がある。

その被写体が、たとえば彫刻などの著作物である場合、写真の著作権に加えて、その被写体の著作権にも留意する必要があるという点だ。さらに、被写体として人物が写り込んでいる場合、著作権だけではなく、その人物の「肖像権」にも注意を払う必要がある。

実際に裁判となったものとして「街の人事件」がある。

高級ブランドの衣服を着て都内を歩いていた一般女性の全身像の写真が、とあるファッション系のホームページに掲載された。掲載した側に何らの悪意もなかったことに疑いの余地はないが、女性に無断で撮影と掲載が行われていたことと、衣服の胸部に大きく赤い文字で「ＳＥＸ」というデザインが施されていたことが、その後の騒ぎへと繋がっていく。

2004年4月、匿名掲示板において、女性に対する誹謗中傷が書き込まれるようになった。そのことを友人から知らされた女性は、ホームページの開設者に写真の削除を要請。だが、削除後も誹謗中傷が収束しなかったことから、女性は自己の肖像権を侵害されたとして同開設者などを提訴した。2005年9月、東京地裁は、女性の肖像権侵害を認定し、被告に対して精神的苦痛に対する損害賠償の支払いを命じたのである。

一方、政治家、芸能人、スポーツ選手などの有名人の場合、一般人と比べると、その肖像権はある程度は制限されると考えられている。

ただし、序章でも述べたように、有名人は自己の氏名や肖像を商業的に利用できる「パブリシティ権」を持っている。そのため、有名人に無断で他人がその氏名や肖像を利用すると、その有名人のパブリシティ権を侵害することになる。

たとえば、「おニャン子クラブ」のメンバーの氏名や肖像を掲載したカレンダーが無断で販売された事件では、パブリシティ権に基づく差し止めや損害賠償の請求が認められた。

ちなみに、人間以外の「物」(動物などの生物も含む)には、パブリシティ権は認められない。実際に、競走馬の名前に関するパブリシティ権を巡って争われた裁判があったが、2004年2月に出された最高裁の判例において、パブリシティ権は「人格権に根ざすものと解すべき」であるとの理由から、「物のパブリシティ権」は明確に否定されている。

著作物が自由に使える場合とは？

ここまで著作権侵害になる例、ならない例について見てきたが、形式的に著作権を侵害していても、じつのところ侵害していないということがある。

それは、著作権法の規定により、著作物が自由に使える場合だ。

誰かが他人の著作物を使いたいと考えたときに、いかなる場合でも、いちいち著作権者の許諾が必要となってくると、「文化の発展に寄与する」という著作権法の目的に、むしろ反することになる。そのため著作権法では、著作権者の許諾がなくても著作物を自由に使える例外を設けている。

もちろん、著作権者の利益が不当に害されたり、著作物の通常の利用が妨げられたりしてはいけないので、その例外が細かく定められていて、これがなんと、30以上もある。[*30] 全部説明すると相当な量になるため、ここでは特に注意すべき4つに留める。

＊30　米国の著作権法には、包括的な「フェアユース（公正使用）規定」がある。

1．私的使用のための複製

著作権法の条文では、「私的使用」について、「個人的に又は家庭内その他これに準ずる限られた範囲内において使用すること」と書かれている。そのため、会社などにおける業務で使う場合は、たとえ少人数であっても私的使用にはあたらない。

また、私的使用目的で複製したものを、たとえば、インターネットで閲覧可能な状態にするなど当初の目的外で使う場合は、複製権侵害となる（それが私的なホームページであっても、「私的使用」にはあたらない）。

さらに、たとえ私的使用目的であっても、インターネット上で違法に公開されたものと知りながら海賊版をダウンロードする行為も、複製権侵害となる。

2．写り込み

写真や動画を撮影するとき、背景に小さくキャラクターや絵画といった他人の著作物が意図せず写り込んでしまうことがある。

そういった他人の著作物が写り込んだ写真や動画をブログやＳＮＳに掲載すると、やはり著作権侵害となってしまうのか？

じつは、従来はそう解釈されるおそれも高かったのだが、２０１２年及び２０２０年の法改正で、正当な範囲内であって、著作権者の利益を不当に害するものでなければ、「付随して写り込んでしまった著作物」についても、原則自由に使えるようになった。

また、街中で映像を録画・配信などするとき、その場で流れていた音楽が意図せず取り込まれてしまうこともあるが、その場合も同様の扱いとなる。

3．引用

すでに公表された著作物であれば、「引用」して利用することができる。引用の要件を満たしていれば、他人の著作物をそのまま自分の著作物の中に取り込む場合であっても、著作権侵害とはならない。

引用の要件として、引用する対象が「**公表された著作物**」であることに加えて、その引用が「**公正な慣行に合致するもの**」であり、かつ、「**報道、批評、研究などのための正当な範囲内であること**」が必要だ。具体的には、次の要件を満たす必要があるとされている。

①引用部分とそれ以外の部分の「主従関係」が明確であること
②カギ括弧などにより「引用部分」が明確になっていること
③引用を行う「必然性」があること

④原則、「出所の明示」が必要

判断が難しいのは、引用する対象が「美術の著作物」や「写真の著作物」など、それだけで鑑賞の対象となり得るものである。これらを引用するときは、全体的なバランスを考えながらそのサイズを小さめに表示するなど、特に慎重な対応が求められる。客観的に見て引用の要件を満たしていると思われる場合でも、権利者側からクレームが付くことも意外と多いからだ。

ところで、2016年12月、新興IT企業であるDeNAが、自社が運営する複数の「まとめサイト」(キュレーションサイト)において虚偽情報や著作権侵害の疑いのあるコンテンツが多数掲載されていたことを認め、そのほとんどが閉鎖に追い込まれる騒動があった。こういった「まとめサイト」は、文章も画像も他人の著作物の寄せ集めで構成されていることが多く、以前から引用の要件を満たしていないものが多いのではないかと指摘されていた(付け加えておけば、本書における引用については、いずれも要件を満たした適切なものであると筆者は考えている)。

4.公開の美術の著作物・建築の著作物の利用

公園にある銅像など、屋外に一定の状態で置かれている「美術の著作物」[*31]は、①彫刻を複製して増やす場合、②屋外に一定の状態で置くために複製する場合、③もっぱらコピーの販売を目的に複製する場合[*32]、などを除いて自由に利用することができる。

著作物は必ずしも固定されている必要はない。ウォールペイントアーティストのロコサトシ氏が、自らイラストを描いた横浜市営バスの車体が幼児用書籍『まちをはしるらくじどうしゃ』(永岡書店)に無断で掲載されたとして裁判を起こしたことがあったが、「市営バスとして、一般公衆に開放されている屋外の場所である公道を運行する」ため、屋外に一定の状態で置かれていると判断されて著作権侵害は認められなかった。

また、芸術的な建造物が該当する「建築の著作物」は、①同じものを建てる場合、②屋外に一定の状態で置くために複製する場合、などを除いて自由に利用することができる[*33]。

そのため、自分が気になっている芸術的な建造物を撮影し、それを著作権者に無断でホ

*31　本書では、「屋外に一定の状態で置かれている」と記載しているが、著作権法の条文では、「屋外に恒常的に設置されている」という表現が使われている。

*32　その写真を使って絵はがきやカレンダーを作る行為を含む。

*33　普通のデザインをしたビルやマンション、住宅には、そもそも著作物性はない。そのため、それを写真に撮ろうが、同じものを建てようが、著作権法上は、特に何の制限も受けない。

ームページやブログに載せたくらいでは、その著作権の侵害に問われることはない。

第1章から得られる教訓

本章では、著作権を巡って騒動や事件になった興味深い事例を、著作物の種類ごとに分けて紹介してきた。著作物性が認められるハードルや類似性が認められるハードルの高さが、事例ごとに異なってはいるものの、模倣がどこまで許されるのか、ある程度の目安のようなものがおわかりいただけたのではないかと思う。

また、著作権と関わりの深い権利として、肖像権とパブリシティ権を取り上げた。これらについても、その概要をご理解いただけたのではないかと思う。

本章の最後に、著作権法における「内容的な安全地帯」や「時期的な安全地帯」のいずれに入っていない場合でも、著作権侵害とはならないケースについて触れておこう。

それは、序章でも触れたように、著作権者などから「許諾」を受けている場合である（「ライセンス」ともいう）。

きちんと許諾の手続きを取っているケースだけではなく、「フリー素材」や「フリーウエア」のように、著作権者が自由利用を黙認しているケースも許諾の一形態といえる。もっとも、その利用にあたって、改変が可能か、出所の明示が必要か、営業目的で利用できるか、条件によって有償になることはないか、などを事前に確認しておくことは必要だ。

注目すべきものとして、「クリエイティブ・コモンズ・ライセンス」（CCライセンス）が挙げられる。これは、国際的非営利団体「クリエイティブ・コモンズ」が提唱するインターネット時代のための新しい著作権ルールである。具体的には、作品を公開する創作者が、何パターンかあるライセンス条件の組み合わせを選択して、「この条件を守れば私の作品を自由に使っても構いませんよ」といった意思表示をするものだ。

CCライセンスの具体例としては、Wikipedia、「初音ミク」の公式イラスト、佐藤秀峰氏の漫画『ブラックジャックによろしく』、総務省の『情報通信白書』及び『情報通信統計データベース』などが挙げられる（ライセンス条件はそれぞれのケースで異なる）。

めまぐるしい時代の変化に、著作権法の改正や関連法の整備が追いついていかない。そのため、CCライセンスのように、創作者の権利を守りながらも、誰もが平等にその作品を共有できるようにすることで、インターネット時代にふさわしい創造的な環境を作り出そうという試みは貴重なものといえる。

◎著作権で保護されるのは「創作的な表現」であり、「アイデア」や「ありふれた表現」は保護されない。
◎著作物の制作を外注する際は、著作権だけではなく、著作者人格権にも留意する。
◎著作権と他の知的財産権を組み合わせた効果的な知財戦略も考慮する。
◎人物が写ったコンテンツを取り扱う際は、著作権だけではなく、その人物の肖像権・パブリシティ権にも留意する。

第2章　その目印の模倣は許されるのか？

——商標権

「イオン」と「イーオン」、「クラウン」と「クラウン」

街中を歩いていて、次のふたつのロゴを見かけたことのある方は多いと思う。

左側が、大手流通グループ「イオングループ」の「ＡＥＯＮ」（イオン）で、右側が、株式会社イーオンが運営する英会話学校の「ＡＥＯＮ」（イーオン）である。

この両者には、お互いに何かのつながりがあるのだろうか？

イオンとイーオン

CROWN（トヨタ自動車のホームページより）とCROWN（三省堂のホームページより）

そのように問われたとしたら、次のように答える方が多いのではないかと思う。

「アルファベットは同じだけど、ロゴの色や文字のデザインが違うし、カタカナ表記も『イオン』と『イーオン』で微妙に違うから、何の関係もないんじゃないの？」

そのとおり。このケースでは、「永遠」を意味するラテン語の「ＡＥＯＮ」を、流通のイオングループと英会話のイーオンが、それぞれ別々に採用したものに過ぎない。

では、その下にあるふたつの「CROWN」はどうだろうか？

左側が、トヨタ自動車の高級乗用車「CROWN」(クラウン)で、右側が、三省堂の英和辞典『CROWN』(クラウン)である。

こちらについても、両者はお互いに何の関係もない。「王冠」を意味する英語の「CROWN」を、トヨタ自動車と三省堂が、それぞれ別々に採用したものである。

これら「AEON」や「CROWN」のような「営業標識」、より具体的には、商品・サービスに付ける「他人の商品・サービスと区別するための目印」のことを「商標」と呼ぶ。商標のことを「ブランド」[*1]と呼ぶこともある。

商品・サービスに「商標」が付いていることで、我々は、同じ商標が付けられた商品・サービスであれば、出所が同じで一定の品質を持っているのだろうと信用することができる。また、商標は我々が商品・サービスを選択する際の手がかりとなっていることから、商標はそれ自体で広告・宣伝の機能も兼ね備えているといえる。

ただし、これだけ重要なものでありながら、「商標」は独自に創作した言葉である必要

*1 家畜の子牛の所有者を示すために、その子牛に焼き印を付ける行為である「burned」が転じて、「brand」(ブランド)になったという説もある。

はない。「ＡＥＯＮ」と「ＣＲＯＷＮ」が既存の単語であることからもわかるように、「**商標**」**は**「**著作物**」**とは異なり、**「**創作物**」**ではなく**「**選択物**」**である**と考えられている。

こう書くと、「ＳＯＮＹやPanasonicは造語だから、『創作物』なのでは？」と指摘される方もいるかもしれない。だが、商標の考え方では、無限に存在する文字や図形などを選択肢として、その中から「選択しているに過ぎない」と位置づけられている。この先を読み進めるにあたって、まずこの点を押さえておいてもらいたい。

また、次のような疑問を持つ方もいるかもしれない。

「商標が、他人の商品・サービスと区別するための目印となっているというのなら、複数の会社が『ＡＥＯＮ』や『ＣＲＯＷＮ』といった同じ名前を使ったりすると、紛らわしくなってしまうからマズいのでは？」

本章では、「模倣」がどこまで許されるのかという観点も含めながら「商標」の本質に迫りつつ、そのような疑問にも答えていきたい。

「ファイトー、イッパーツ」も登録商標!?

「ＡＥＯＮ」や「ＣＲＯＷＮ」といった商標が、「他人の商品・サービスと区別するための目印」として機能するには、その商標が実際に市場で使用される必要がある。商標が市場で継続的に使用されることで、徐々に消費者に認知されていくことになるからだ。

たとえば「ユニクロ」にしても、当初は中国地方の衣料品店のブランドに過ぎなかった。それが長年の使用によって、世界的なブランドにまで成長したのである。

ユニクロのように有名になった商標を、他人が何の断りもなく勝手に使ったりすると、その商標の持ち主が困るのは当然のこととして、我々消費者もインチキな粗悪品を間違って買ったりするリスクが出てきてしまう。そのため、「商標」をきちんと保護するための制度が社会として必要だ。

もちろん、ある程度知られるようになった商標だけを保護すれば良いと考えることもできなくもない。だが、どの程度知られた段階で保護すべきなのか、明確な基準を作ることも容易ではないし、一からビジネスを始めるときに、あまりにも使い勝手が悪すぎる。

そこでわが国では、国に登録してお墨付きをもらった商標を「登録商標」として保護するようにしている。具体的には、「早く出願した者順」で商標登録できるようにすることで、早い段階で権利関係が明確になるというメリットがあるわけだ。

では、そもそも商標とは、どんなものを含むのだろう？

商標法で定義される商標は、もともとは、「文字商標」「図形商標」「記号商標」、及びこれらの「結合商標」のみであった。

文字商標

WALKMAN　アリナミン

結合商標

記号商標

図形商標

立体商標

商標の例（特許庁のホームページで挙げられていたものに筆者が加筆）

動き商標	文字や図形等が時間の経過に伴って変化する商標（例えば、テレビやコンピューター画面等に映し出される変化する文字や図形など）
ホログラム商標	文字や図形等がホログラフィーその他の方法により変化する商標（見る角度によって変化して見える文字や図形など）
色彩のみからなる商標	単色又は複数の色彩の組合せのみからなる商標（これまでの図形等と色彩が結合したものではない商標）（例えば、商品の包装紙や広告用の看板に使用される色彩など）
音商標	音楽、音声、自然音等からなる商標であり、聴覚で認識される商標（例えば、CMなどに使われるサウンドロゴやパソコンの起動音など）
位置商標	文字や図形等の標章を商品等に付す位置が特定される商標

新しいタイプの商標（特許庁ホームページより）

そして、1996(平成8)年の商標法改正により「立体商標」が加わった。立体商標とは、立体的な形状からなる商標をいい、不二家のペコちゃん人形、ケンタッキーフライドチキン(KFC)のカーネル・サンダース像などが挙げられる。

さらに、2014(平成26)年の商標法改正により、「動き商標」「ホログラム商標」「色彩のみからなる商標」「音商標」「位置商標」も新たに認められるようになった。

音商標については、大正製薬の「ファイトー、イッパーツ」(商標登録第5804565号)や、伊藤園の「おーいお茶」(商標登録第5805757号)などが登録済みだ。

本商標は、「ファイトー」と聞こえた後に、「イッパーツ」と聞こえる構成となっており、全体で約5秒間の長さである。

(商標登録第5804565号)

本商標は、「おーいお茶」という人の音声が聞こえる構成となっており、全体で4秒の長さである。

(商標登録第5805757号)

音商標「ファイトー、イッパーツ」と音商標「おーいお茶」

何が商標登録できるのか?

商標を登録するには、まず特許庁に出願する必要がある。商標が出願されると、1ヵ月程度でその内容が「出願公開」され、また、審査官による審査が開始される。

商標法では、「○○な商標は登録NG」という要件が規定されており、審

商標権取得の流れ

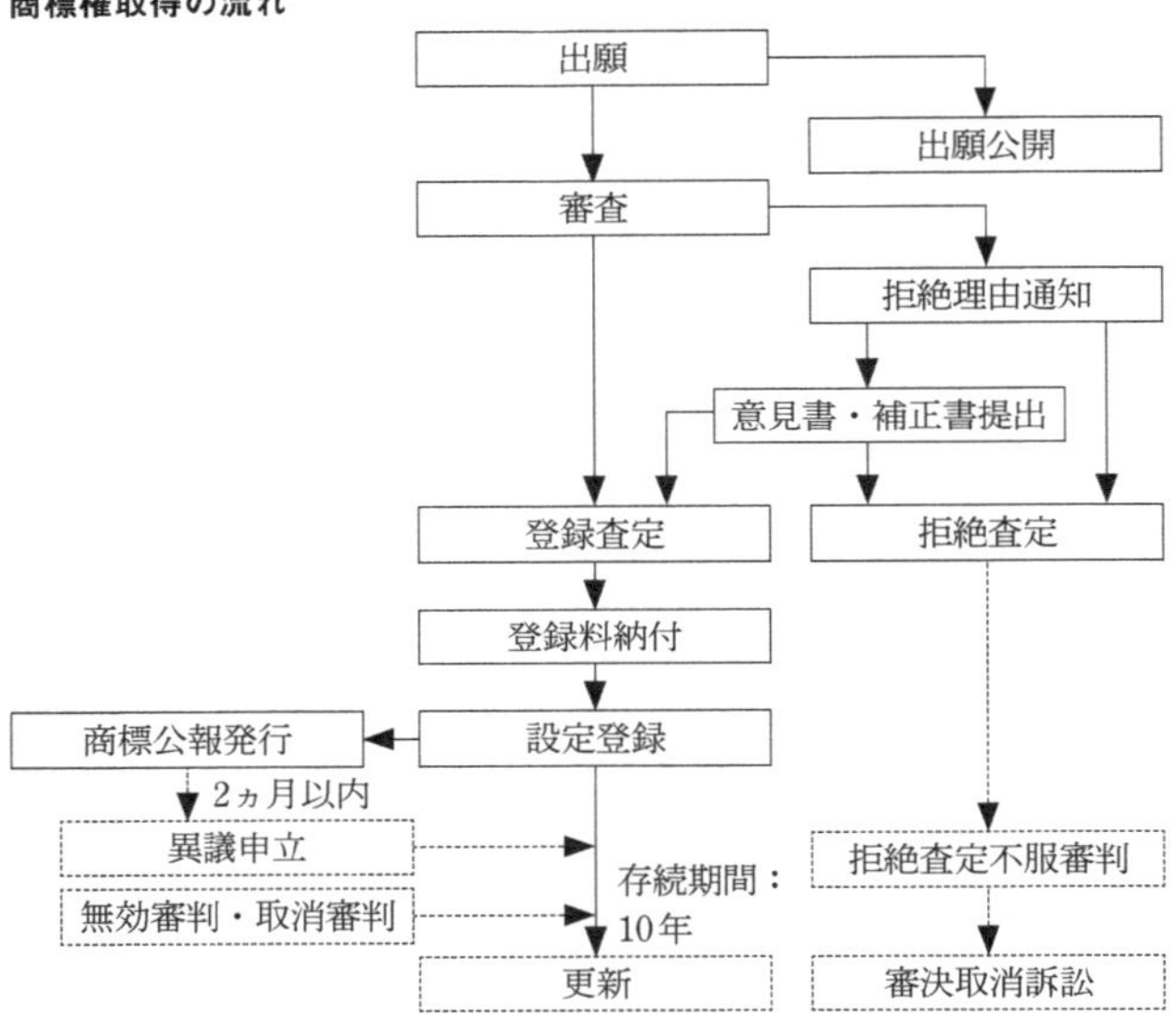

査官は「拒絶理由」（登録NGの理由）を見つけると、出願人に対して「拒絶理由通知」を行う。意見書による反論や補正書による補正で「拒絶理由」が解消されれば、「登録査定」（登録OKの決定）がなされるが、解消されない場合は、「拒絶査定」（登録NGの決定）がなされる。登録査定後は出願人が登録料を納付することで商標が登録され、[*2]「商標権」が発生する。また、登録から1ヵ月程度で「商標公報」が発行される。

　こうして出願人が「商標権者」（商標権を有する者）になると、「登録商標」を独占的に使用することができるようになるわけだ。

ここで注意すべきことは、たとえ登録できたとしても、「登録商標」をあらゆる商品・サービスに付けて独占的に使えるわけではないという点である。じつは、出願時に商標を付ける商品・サービスをあらかじめ指定しておく必要があり、商標はその指定された商品・サービスとセットで登録される。この指定された商品のことを「指定商品」、指定されたサービスのことを「指定役務」という（「役務」とは「サービス」の法律用語）。

そのため、登録商標を独占的に使用できるのは、それを指定商品・指定役務に付けて使う場合に限られる。

また、商標権者は、自分が登録商標を使えるだけではなく、自分の商標権を侵害する他人に対して、その行為の差し止めや損害賠償の請求をすることができる（どのような行為が商標権侵害になるのかについては後述する）。

なお、序章でも触れたように、商標権の存続期間は登録日から10年だが、何度でも更新が可能なため、他の知的財産権とは異なり、「半永久的な権利」となっている。

その話を聞いて、「早く出願した者順でそんなにすごい権利がもらえるのなら、自分も

＊2　登録料は、10年分の一括納付と、5年分ずつ2回の分割納付が可能となっている。

商標を出願してみよう」と野心に燃える方もいることだろう。

本業が焼き芋屋さんであれば、こんなことを考えるかもしれない。

「『ファイトー、イッパーツ』や『おーいお茶』も登録されたのだから、『いしや〜きいも〜』の呼び声を登録商標にして、他の焼き芋屋さんが使えないようにしてやろう」

だが残念ながら、それは無理だ。すでに同業者間で広く使用されているものは、他人の商品・サービスと区別できる「目印」とはならないからである。同じ理由から、ラーメン屋台の流す「チャラララーララ、チャラララララー」のチャルメラの音楽も登録できない。

文字や図形の場合でも同じことがいえる。たとえば、商品「清酒」について「正宗」という商標はよく使われるし、サービス「理髪業」について「赤青白の帯がグルグル回る看板」を商標として使うことも業界の常識となっている。当然のことながら、これらも登録することはできない。

また、言うまでもないことだが、商品「みかん」について商標「みかん」、商品「りんご」について商標「アップル」など、その商品・サービスを示す普通名称を登録することもできない。「目印」としてまったく機能しないからである。

もっとも、商品「電子計算機」について商標「アップル」を登録することは可能である。前述した商標「CROWN」に関しても、商品「王冠」については登録NGだが、商品「自動車」や商品「印刷物」について登録することはできる。

これ以外にも、他人の商品・サービスと区別できる「目印」として機能しない商標は、登録することができない。たとえば、商品「埼玉県産の野菜」について商標「埼玉野菜」、商品「液晶テレビ」について商標「高精細」、サービス「クリーニング」について商標「きれい」など、単にその商品・サービスを説明しているに過ぎない商標がそれに該当する。また、ありふれた名字である「佐藤」「高橋」や、「○」「△」「Z」「12」などのシンプルすぎるものも、基本的には登録NGだ。

ただし、本来登録NGの商標であっても、長年使用された結果、全国的な知名度を獲得するに至れば、他人の商品・サービスと区別できる「目印」として機能するため、例外的に登録が可能となっている。たとえば、ありふれた名字ではあるが、乗用車の有名ブランドである「スズキ」(商標登録第7240733号)や「ホンダ」(商標登録第6816866号)は登録商標になっている。

また、地域の組合などがその構成員(加盟店など)に使わせる目的で、「地域団体商標制度」という裏技を使って商標を「地域ブランド」として出願すると、近隣県で知られている程度の知名度しかなくても登録が可能だ。「米沢牛」(商標登録第5029824号)、「宇治茶」(商標登録第5050328号)、「草加せんべい」(商標登録第5053366号)、「有馬温泉」

（商標登録第5095061号）など、この制度を使って登録に至った地域ブランドは数多い。[*3]

「どこでもドア」は登録OK

商標登録を受けるためには、その商標が他人の商品・サービスと区別できる「目印」として機能することが必要条件であることをここまで説明した。だが、これをクリアしたからといって、出願されたすべての商標が登録されるわけではない。

商標法において、具体的な「登録NG」の理由が列挙されているからである。[*4] 以下、そのいくつかを説明していこう。

前述したように、商標は「選択物」であると考えられているため、たとえ他人が考え出した言い回しと同じものを出願したとしても、必ずしも登録NGとなるわけではない。しかしながら、著名な言い回しを勝手に自分のものにしようとするなど、悪質な意図が明らかなものについては、「公序良俗」[*5]に反するとして登録NGとなる。

いきなりだが、「どこでもドア」と聞いて何を思い浮かべるだろうか？

おそらく、藤子・F・不二雄氏による漫画『ドラえもん』に登場する、ピンク色の木製の扉が頭に浮かんだに違いない。

それでは、これを自分の商標として勝手に出願したらどうなるか？

「『ドラえもん』のパクリだから、公序良俗違反で登録NGなんじゃないの?」

そうお考えになった方が多いのではないかと思う。

だが、意外にも、商標「どこでもドア」は、『ドラえもん』とは何の関係もない会社によって登録されている。

まず、ブラインドをはじめとしたインテリアメーカーの「ニチベイ」が、「扉(金属製・ガラス製のものを除く。)」を指定商品として「どこでもドア」を商標登録している。『ドラえもん』の「どこでもドア」は「木製」だから、それとまるっきり指定商品が被りそうだが、特許庁の審査では登録OKと判断されている。

思うに、「どこでも」+「ドア」というネーミングは、『ドラえもん』をまったく知らない人であっても思いつく可能性はあるだろう。そのため、審査官は商標が「選択物」であ

＊3　登録に至らない例もある。たとえば、福島県喜多方市にある「蔵のまち喜多方老麺(らーめん)会」は地域団体商標として「喜多方ラーメン」を出願したものの、同老麺会の加盟店以外に「喜多方ラーメン」の看板を出したラーメン店が多々あることなどから登録NGとなった。

＊4　全部で19種類ある。

＊5　「公の秩序又は善良の風俗」の略。商標法で規定される具体的な「登録NG」の理由のいずれにも当てはまらない場合に適用される「伝家の宝刀」が、「公序良俗違反」であるとも言われる。

るという前提のもと、登録を許してもよいと判断したものと思われる。
ところで、同社ホームページには「どこでもドア」という商品が載っていなかった。そこで、その商品展開について同社に質問をしたところ、次の回答が得られた。

過去に、弊社では間仕切りと併用して〝自立させてどこでも設置できる扉〟の開発を検討したことがあり、そのときに〝どこでも設置できるドア（扉）〟として「どこでもドア」を商標として出願しました。

しかしながら、自立式扉の開発は途中で中止されたため、「どこでもドア」の商標を使用することなく商品化は見送られ、現在まで本登録商標は使用しておりません。

なるほど。いくらレアな登録商標を手に入れても、実際に商品化をしないと使う機会もないということである。
このほか、三菱重工グループの「三菱重工交通機器エンジニアリング」が、「電動式扉自動開閉装置」などを指定商品として、「どこでもドア」を商標登録している。
同社のホームページによると、「どこでもドア」というのは鉄道駅のプラットホームに設置される可動式のホーム柵のようである。列車はその種類によってドア数やドア位置が異なる。このホーム柵は、ドア数やドア位置の異なる様々な車両に対応できるようにしたもので、「どこでも開くドア」という意味合いから、このネーミングが採用されたらしい。

どこの鉄道駅にあるのか調べてみたところ、2016年10月から1年間の実証実験として、京急久里浜線の三浦海岸駅に設置されていることがわかった。

三菱重工に問い合わせたところ、自社が商標権を持っていることもあり、商標の使用にあたって、『ドラえもん』の関係者に特にコンタクトはしていないとのことである。

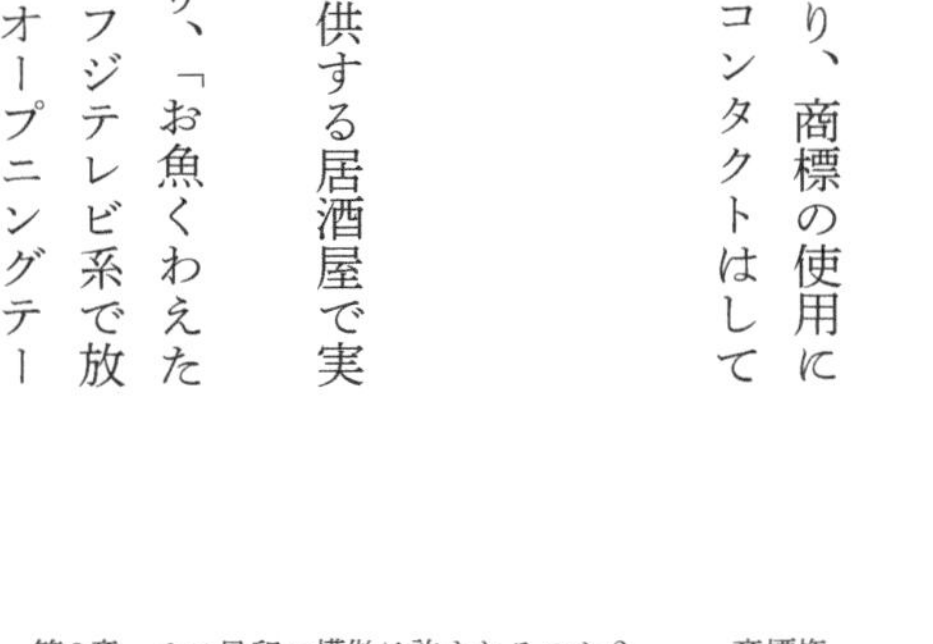

京急久里浜線三浦海岸駅に設置された「どこでもドア」（京急電鉄ホームページより）

「お魚くわえたどら猫」は登録NG

では、次頁の商標はどうであろうか？

大阪・梅田駅前にある、七輪焼などを提供する居酒屋で実際に使われているものだ。

猫が魚をくわえている絵が描かれており、「お魚くわえたどら猫」の文字がある。ほとんどの方が、フジテレビ系で放送されているアニメ番組『サザエさん』のオープニングテーマ曲の冒頭の一節が頭に浮かんだはずだ。

「七輪焼 お魚くわえたどら猫」（商願2006-120100）

この居酒屋を経営する会社は、果敢にもこの商標を出願した。先ほどの「どこでもドア」が登録ＯＫだったことを考えると、これも無事に登録されたのだろうか——。

審査官の判断は次のようなものであった。

……国民的アニメ番組『サザエさん』のオープニングテーマ『サザエさん』……の歌詞の冒頭部分『お魚くわえたどら猫』と同一又は類似であり、かつ、非常に著名なものと認められますから、このようなものをアニメ番組『サザエさん』及び該オープニングテーマの作詞家、作曲家等と何等関係のない一私人である出願人が商標として採択することは、穏当ではありません。

こちらのケースでは、「公序良俗違反」の拒絶理由通知が出されたのである。

出願人は反論したものの、あえなく拒絶査定。そのため、納得のいかなかった出願人は「拒絶査定不服審判」を請求した。

じつは、拒絶査定に不服があるときは、審判を請求することで、審査官よりも上の立場にある「審判官」に改めて判断してもらうことができるようになっている。審判官が審査官と同じ判断をすることもあるし、審査官とは逆の判断をすることもある。
出願人は審判の中で次のような主張を展開した。

本願商標で問題とされる語句は、単に「魚をくわえている猫」という、「猫の状態」を表しているに過ぎず、「お魚くわえたどら猫」という言葉を用いることで『サザエさん』の有する顧客吸引力に便乗して顧客を誘引できるとみる理由を見出すことはできません。……「お魚くわえたどら猫」なる語は、……出願人の商標選択の自由を制限してまで保護しなければならないような公益性を有するとは到底言い難いものです。……本願商標の使用の実態を考慮しても、本願商標は……商道徳や取引秩序を著しく乱すものとは言えません。

だが、審判官を納得させるのは無理だったようだ。

……該文字部分は、……「魚をくわえている猫」ではなく、「お魚くわえたどら猫」

大阪・梅田の「七輪焼　お魚くわえたどら猫」の正面看板（筆者撮影）

の文字からなるものであり、あえて、「魚を」の部分を「お魚」と表し、「くわえている猫」の部分を「くわえたどら猫」と表していることから判断しても、……『サザエさん』のテーマ曲の歌詞を知り得て、該文字部分を採択したものと優に推認できるものである。

さらに、上写真に示すように、その使用実態として「お魚くわえたどら猫」の文字部分を大きく表示していたことから、審判官は「『サザエさん』のテーマ曲の歌詞のフレーズを剽窃し、その顧客吸引力に便乗（フリーライド）して、顧客を誘引することを目的として、本願商標を登録出願したものというべきである」と断じて、「拒絶審決」（登録NGの決定）を出した。[*6]

先ほどの「どこでもドア」が6文字であるのに対して、「お魚くわえたどら猫」は9文字あり、ちょっと長めだったことが出願人にとって不利に働いた可能性もある。

もっとも、登録商標にできなかったからといって、その商標を使った商売ができなくなるわけではない。商標権侵害、不正競争行為、民法上の不法行為などに該当しなければ、基本的にはそのまま使っても問題ないからだ。[*7]

この居酒屋も店名を変えずにそのまま営業を続けているので、筆者も大阪を訪れた際に立ち寄ってみた。

1階のカウンター席に腰かけてあたりを見回すと、すべてのお皿に可愛い猫の絵が描かれている。せっかくなのでこの店名物の七輪焼を食べることにした。これがなかなか美味しい。「どら猫まんま」（たまごかけご飯）も絶品であった。

酔いも手伝って何気なく、「このお店って、サザエさんと何か関係があるんですか？」と女性店員に尋ねてみた。すると彼女は苦笑いを浮かべながら、「よく聞かれるんですけど……特に関係はないです」と答えてくれた。

＊6　審判における審判官の決定のことを「審決」という。

＊7　「民法上の不法行為」が認められた例に、前章で取り上げた「ヨミウリ・オンライン事件」がある。裁判において記事の見出しの著作物性は否定された。だが一方で、見出しが読売新聞の「多大の労力、費用をかけた報道機関としての一連の活動が結実したもの」であり、有料で取り引きされている実情もあることなどから、営利目的で反復継続して、情報鮮度の高いうちに無断配信した被告企業の行為が、同新聞の「法的保護に値する利益」を違法に侵害したとして、約24万円の損害賠償が命じられた。なお、「商標権侵害」と「不正競争行為」の具体的内容については後述する。

そうか、「関係はない」のか……。だが、改めてメニューに目を落とすと、宴会用の飲み放題コースとして書かれていたのは、「サザエさんコース」（4000円）、「マスオさんコース」（3500円）、「波平さんコース」（5000円）の3種類であった。

他人の氏名、法人名称の場合

さて、皆さんの肖像や氏名を含む商標が赤の他人によって勝手に登録されて、それが商取引で使われたりしたら、皆さんはどう思うだろうか？

おそらく不快に感じるだけでなく、何とかそれを止めさせたいと考えることだろう。

そのため、「他人の肖像」や「他人の氏名」などを含む商標は、原則、登録NGとなっている。その他人の本名だけではなく、「著名な芸名・筆名・雅号・略称」などを含むものも、同様に登録NGだ。

だが、同姓同名が複数いる場合は、いささか面倒だ。

少し古い話となるが、プロゴルファーの青木功氏は、「他の青木功さんの承諾を得ていない」という理由から、自らの氏名を商標登録することができなかった。

その一方で、ドラッグストアの屋号として著名な「マツモトキヨシ」は、他の松本清さんの承諾を得なかったにもかかわらず、無事に登録されている（商標登録第2717411

号、商標登録第4330343号など)。

同姓同名の人がいるかどうかについて、特許庁の審査官は、全国のハローページを使って調べているという。ハローページだけで同姓同名の人がすべて探し出せるはずもないのだが、なぜかしらそのような運用になっているようだ。

もちろん、あらかじめ本人の承諾を得ていれば、その肖像や氏名を商標登録することは可能である。著名人の場合、その氏名はその所属プロダクションが登録していることが多く、「小泉今日子」(商標登録第3004660号)、「市川海老蔵」(商標登録第4187997号)、「長嶋茂雄」(商標登録第5401366号)、「加護亜依」(商標登録第5287159号)などが登録済みだ。実務的には本人の「承諾書」が提出されることで登録OKとなっている。

ところで、ここでいう「他人」には、人間だけではなく、「法人」も含まれるという点にも触れておこう。

法人も法上の「人」であるので、その「名称」や「著名な略称」を勝手に商標登録することはできず、略称の場合は、それが著名であるかどうかがポイントとなる。「東大」「京大」は「東京大学」「京都大学」の著名な略称に違いないが、「山大」はどうであろうか?

じつは、登録商標「山大」の商標権者は、「山口大学」である。「山形大学」の承諾を得ることなく登録に至ったのは、審査官が「山大=山形大学の著名な略称」と考えなかったからであろう（ちなみに、「山梨大学」の略称は「梨大」であって、「山大」ではない）。
こういったケースでは「早く出願した者勝ち」ということになる。

登録にかかわった山口大学・大学研究推進機構知的財産センターの木村友久教授に当時の出願の動機について問い合わせたところ、「**大学業務に関係する指定商品で『山大』が権利化されるのを阻止するためです。従って、山形大学のことは考えていませんでした**」とのコメントをいただいた。

「福澤諭吉」は登録OK

先ほど、「他人の肖像」や「他人の氏名」などを含む商標が、原則、登録NGとなることを説明した。じつは、このルールは「生きている人」（実在している法人を含む）に対してのみ適用されるものであり、「死んでしまった人」（実在しなくなった法人を含む）については適用されない。

それでは、故人の肖像や氏名を含む商標が問題なく登録できるのかというと、そうとも限らない。特に、故人が「歴史上の人物」である場合は、商標登録が難しくなってきている。というのも、最近の特許庁の運用では、歴史上の人物と無関係の個人・団体がその人物の肖像や氏名を含む商標を出願しても、それを商標として独占することが「社会公共の利益に反する」という理由から、「公序良俗違反」として拒絶する方向性となっているからだ。また、いったん登録されても、その後に取り消しや無効となるケースが増えてきている。

それでは、故人と関係のある個人・団体が出願した場合はどうなのか？

じつは、登録OKになる場合と、登録NGになる場合とがある。

登録OKとなったものとして、慶應義塾の登録商標「福澤諭吉」（商標登録第4981751号）がある。

「慶應義塾による出願だから、登録されて当たり前では？」と思われる方もいるかもしれないが、審査官はいったんは次のような「公序良俗違反」の拒絶理由通知を出している。[*8]

この……商標は、「福澤諭吉」の文字を表してなるものですが、……遺族の承諾もなく本願商標を……登録することは、著名な死者の名声に便乗し、……使用の独占をもた

＊8　山梨県の印鑑メーカーが保有していた登録商標「福沢諭吉」（商標登録第4195559号）の存在も障害となった。かつては無関係の個人・団体であっても、歴史上の人物の氏名を商標登録することが許容されていたのである。結局、慶應義塾が「無効審判」を請求し、この商標登録は「公序良俗違反」であるとして無効となった。無効審判については後述する。

らすことになり、故人の名声・名誉を傷つけるおそれがあるばかりでなく、公正な取引秩序を乱し、公の秩序又は善良の風俗を害するおそれがあるものと認めます。

どうやら、遺族の承諾を得ていなかったことがまずかったようだ。

この通知を受け、慶應義塾はまず、諭吉の子孫より承諾書を入手した。そして、その提出に合わせて、意見書において「出願人は、福澤諭吉と密接な関係を有し福澤諭吉の名声・名誉を保全すべく活動する者であって、その福澤諭吉のご遺族……の承諾を得て本願をしている者である」と、その正当性を主張したのである。

すると、「福澤諭吉」は無事に登録されるに至った。

「坂本龍馬」は登録ＮＧ、その理由

一方、故人と関係のある団体が出願しても登録ＮＧとなることがある。

その中のひとつが、高知県の出願した「坂本龍馬」に関する商標（商願２００９－２１６６６）である。

高知県は、次頁に示すような「坂本龍馬」の文字と龍馬の似顔絵を組み合わせた商標を出願した。すると審査官は、「坂本龍馬に関する観光スポットが高知県以外に多数あるこ

と」「グッズ等が全国的に販売されていること」などの理由から、「公序良俗違反」にあたるとして、拒絶理由通知を出してきたのである。

言われてみれば、龍馬ゆかりの地はその出身地である高知県だけではない。黒船来港時に龍馬が警備をしていた東京・品川の立会川や、暗殺未遂事件の舞台となった寺田屋のあった京都・伏見など、全国各地にたくさんある。

また、興味深いことに、審査官は「遺族の承諾」については言及していない。坂本龍馬に血のつながった子孫がいないことを知っていたのだろうか?

これに対して、高知県は先ほどの慶應義塾と同じように、意見書などで自分たちの正当性を主張した。だが、審査官の判断が覆ることはなく、拒絶査定がなされてしまった。

納得のいかなかった高知県は、拒絶査定不服審判を請求した。だが、審判官も次のような理由により拒絶審決を出してきたのである。

……各種のメディアにおいて取り上げられ、ひときわ人気のある坂本龍馬は、他のゆかりの地はむろん、全国的に敬愛の念を有する者が多いところ、このような著名な歴史上の人物名である「坂本龍馬」

高知県が出願した商標「坂本龍馬」(商願2009-21666)

の文字を含む本願商標を、商標として採択し、これを特定の者に……、商標権として商標登録を認めることは、……高知県以外の第三者の県や市町村における地域おこしや観光振興における公益的施策に伴う各種商品等への商標の使用を制限することとなるから、請求人の主張は採用することができない。

要するに「龍馬は全国的に大人気だから高知県が独占するのはダメ」ということらしい。ということは、福澤諭吉は龍馬ほど人気がないから登録ＯＫだったということだろうか？　諭吉のゆかりの地も、出身地である大分県中津市のほか、勉学に励んだ大阪・船場の適塾など全国各地にあり、さらには一万円札の肖像画にもなっているのだが……。

また、仮に龍馬に血のつながった子孫がいたとしたらどうだろう？　高知県がその子孫から承諾をもらっていた場合でも、果たして登録ＮＧだったのだろうか？

商標出願数第1位を誇る元弁理士の狙い

前述したように、商標は「選択物」であると考えられているため、斬新なネーミングを考え出しても、それを知った他人によって先に出願され、それがそのまま登録されてしまう可能性もある。また前章で述べたように、極めて短い言語表現には著作物性もないため、自分が創作者であると主張したところで、著作権法による保護を受けることも難しい。

そこで、自分が考え出したネーミングを使って商売を開始したいときや、すぐには商売を開始しないものの、そのネーミングを他人に使われないようにしたいときは、いち早く商標を出願して、商標法による保護を受けるのが賢明だ。

特に、2014年頃から商標を大量出願する人物が出現したこともあり、面倒を避けるためにも早めに商標を出願しておいたほうが安全といえるだろう。

その大量出願している人物とは、上田育弘氏——大阪府在住の元「弁理士」だ。

この「弁理士」という職業については耳慣れない方も多いのではないかと思う。知的財産権に関する業務を行う国家資格者のことだ（筆者も有資格者である）。「弁護士」や「便利屋」とよく間違えられるが、そのどちらでもない。

また、「元」と付けたのは、弁理士会の会費を滞納したという理由により、2013年に上田氏の弁理士登録が抹消されているためである。

上田氏本人と同氏が代表を務めるベストライセンス株式会社は、2015年の1年間だけで、なんと1万4786件の商標を出願している。日本国内でダントツであるとともに、約14万7000件にも及ぶ日本国内の全商標出願数の約1割（！）を占めている。

出願している商標に特に傾向があるわけではなく、「リニア中央新幹線」「民進党」「S

TAP細胞はありますか」「POKEMON・GO」「PPAP」など、話題になった言葉をやたらめったら出している感じである。

本当に登録商標にするつもりで出願しているのなら問題ないのだが、上田氏はほとんどの出願において出願手数料を支払っていない。未納のままだと半年くらいで出願は却下されてしまう。そのため、上田氏及びベストライセンス社が保有する登録商標は、「七法」(商標登録第5533680号)、「SMART」(商標登録第5412611号)、「紙・電子ハイブリッド」(商標登録第5730449号)など、わずか7件しかない(2016年11月現在)。

「それならば放っておいても構わないのでは?」と思われるかもしれないが、問題なのは、出願が却下されるまでの間に「出願公開」されてしまう点である。出願公開されると、公的データベースである「特許情報プラットフォーム(J-PlatPat)[*9]」に出願内容が掲載されるようになるため、「商標調査をしたら上田氏の出願が引っ掛かってきた」という話もよく聞かれるようになった。

商標登録が「早く出願した者順」であることから、この大量出願の影響を受けて、「商標を先に取られた」と思いこみ、その商標の出願や使用を諦める人も出てくるようになってしまったのである。そのため、2016年5月、特許庁はホームページ上で「自らの商標を他人に商標登録出願されている皆様へ(ご注意)」と題する異例の注意喚起を行った。

特許庁はその中で、大量出願されているもののほとんどは出願手数料が支払われておらず、その後出願が却下されていること、また、仮に出願手数料の支払いがあった場合でも、出願された商標が登録要件を満たしていなければ、商標登録されることはないことを説明した。[*10] そのうえで、自らの商標を出願・登録することを諦めないよう、次のような呼びかけを行ったのである。

したがいまして、仮にご自身の商標について、このような出願が他人からなされていたとしても、ご自身の商標登録を断念する等の対応をされることのないようご注意ください。

思うに、そもそもの話として、出願手数料を支払っていないにもかかわらず、出願したものをすべて「出願公開」する制度自体がこの混乱の元凶ではなかろうか?

＊9 「特許」という言葉で始まっているが、実用新案、意匠、商標などの情報も無料で検索できる。経済産業省所管の「独立行政法人　工業所有権情報・研修館」が提供している（URLはhttps://www.j-platpat.inpit.go.jp/web/all/top/BTmTopPage）。

そう考えた筆者は、特許庁商標課企画調査班に問い合わせた。

——出願料が支払われない段階で出願公開するという、現在の制度を貴庁として改めるご予定はあるのでしょうか？

出願された商標については、出願公開をすることが法律によって定められております。出願後における事後的な出願料の納付も含めた現行制度を改正することは、ユーザーの利便性を第一に設計された商標制度の趣旨に逆行することになり、ただちに法律改正が必要なものとは考えておりません。

今のところ、特許庁としても上田氏の大量出願には「為す術がない」ようである。

商標権先取りによるビジネス

上田氏の狙いを探るべく、2016年4月、本人にコンタクトを試みたところ、「コメント作成手数料」を求められてしまった。そこで、どう対応すべきか考えあぐねていたところ、筆者の先手を打って、朝日新聞の記者が上田氏の自宅前で直撃取材を敢行してしまったのである。

同新聞デジタル版の記事では、上田氏の目的が次のようにまとめられている。

「将来自分で使う、他人に権利を譲渡する、先に出願しておくことで権利を仮押さえする三つが狙い。(出願中に)権利が欲しいという人が現れれば、ビジネスになる」と売買目的を認めた。手数料を払わないのは、「権利化してメリットがあるものだけを厳選している」ためという。近く、商標を取引するためのホームページを立ち上げる予定だとも話した。

(「商標乱発、国全体の1割出願　男性『あくまでビジネス』」「朝日新聞デジタル」2016年6月30日)

やはり、商標先取りによるビジネスを考えていたようだ。

また、記者との一問一答において、上田氏は商標制度の特殊性を説明しつつ、本人の希

＊10　特許庁による注意喚起では、登録NGとなるケースとして、「一個人や一企業等が本来想定される商標の使用の範囲を超える多数の出願を行う場合」(その使用をしないことが明らかな場合)のほか、「他人が既に使用している商標について先取りとなるような出願の場合」や、「国・自治体等の公益的な標章を関係のない第三者が出願する場合」が挙げられている。

	他人の登録商標と同一の商標	他人の登録商標と類似する商標	他人の登録商標と非類似の商標
指定商品・指定役務と同一の商品・サービス	登録不可	登録不可	登録可
指定商品・指定役務と類似する商品・サービス	登録不可	登録不可	登録可
指定商品・指定役務と非類似の商品・サービス	登録可	登録可	登録可

望について次のように話している。

——制度上、問題はないのか

全然、問題ない。商標は創作物ではないので窃盗という概念がない。選択の問題で、選択眼が正しいかどうかが問われていく。私自身としてはこれだけで有名になりたくはないという気持ちはあって、当然金もうけ、ビジネスモデルを打ち立てた時点で有名になればとは思う。

（同記事）

果たして上田氏は、ビジネスモデルを打ち立てることができるのか？　今後の動きを慎重に見守っていきたい。

ジャニーズ事務所の登録商標

商標登録の「早く出願した者順」のルールは、同一の範囲だけではなく類似の範囲にも及ぶ。具体的には、前頁の図のようになっている。

要するに、図の灰色部分、つまり、**「他人の登録商標と同一または類似の商標であって、その指定商品・指定役務と同一または類似の商品・サービスについて使用するもの」**を「登録ＮＧ」としているのである。[*11]

その一方で、図の白い部分、つまり、他人の登録商標と類似しない商標はもちろん、他人の登録商標と同一または類似の商標であっても、その指定商品・指定役務と類似しない商品・サービスについて使用するものは「登録ＯＫ」となっている。

商標が類似しているかどうかは、「見た目（外観）」「読み方（称呼）」「意味合い（観念）」のそれぞれに着目して総合的に判断する。たとえば、「ライオン」と「テイオン」は見た目（外観）が類似し、「エトワール」と「エトラール」は読み方（称呼）が類似し、「キング」と「王」は意味合い（観念）が類似する。[*12]

著作物の類似性の判断基準とは、まったく異なる点に注意してほしい。

＊11　商標登録の「早く出願した者順」のルールにも例外がある。たとえば、「未登録ではあるものの実際に使用されている他人の『周知商標』（需要者の間に広く認識されている商標）と同一または類似の商標であって、その周知商標が付されている商品・サービスと同一または類似の商品・サービスについて使用するもの」は登録できない。商標が紛らわしいことに変わりはないからである。

また、商品・サービスが類似しているかどうかについては、取引実情を考えて出所混同を引き起こすかどうかなどによって判断される。たとえば、商品「洋菓子」とサービス「洋菓子の小売」が類似する一方で、商品「洋菓子」と商品「ホイップクリーム」は類似しない。

ここで、本章の冒頭で紹介した「AEON」と「CROWN」の商標登録の状況について見てみることにしよう。

まず、「AEON」については、流通のイオングループが、「総合小売等役務」（デパートやスーパーの総合小売サービス）を指定役務として登録商標「AEON」（商標登録第5118609号）を保有する一方、英会話のイーオンは、「語学の教授」などを指定役務として登録商標「AEON」（商標登録第3140794号）を保有している。

また、同様に、「CROWN」についても、トヨタ自動車が「自動車」を指定商品として登録商標「CROWN」（商標登録第1924643号）を保有する一方、三省堂が「印刷物」などを指定商品として登録商標「CROWN」（商標登録第663091号）を保有している。

これらの登録商標は、商標自体はほとんど同じものだが、その指定商品・指定役務がそれぞれ類似しないことから、併存できている。先ほどの「どこでもドア」についても、同様の理由から複数の登録商標の併存状態が許容されているのである。

S-map

（商標登録第4389650号）

住まっぷ

（商標登録第5096032号）

ここにもあったSMAP

ところで、２０１６年12月に解散した人気アイドルグループ「ＳＭＡＰ」に関しては、ジャニーズ事務所が登録商標「ＳＭＡＰ」を押さえている（商標登録第２２８６３３４号ほか5件）。「演芸の上演、演劇の演出又は上演、音楽の演奏」といった指定役務は想定の範囲内だが、その指定商品にはなぜかしら、「食肉」「卵」「冷凍野菜」「冷凍果実」「かつお節」「とろろ昆布」「焼きのり」「こんにゃく」「豆腐」「納豆」「ふりかけ」「ぎょうざ」「サンドイッチ」「しゅうまい」「すし」「たこ焼き」「飲料用野菜ジュース」といったものまである。スーパーマーケットのプライベートブランド（ＰＢ）のような豊かなバリエーションだ。

いったいどういうつもりなのか？　その意図についてジャニーズ事務所に問い合わせたのだが、回答を得ることはできなかった（やり取りの詳細については次章で紹介する）。

ジャニーズ事務所が広範な指定商品・指定役務を押さえている一方で、産業能率大学

＊12　ふたつの言葉を結合させた商標の場合は、その結合具合や、分離できるときは商標の要部がどの部分なのかによって判断を行う。

は、指定役務「経営の診断及び指導」などについて、登録商標「S-map」（商標登録第4389650号）を、また、住宅金融支援機構は、指定役務「預金の受入れ及び定期積金の受入れ」などについて、登録商標「住まっぷ」（商標登録第5096032号）を、それぞれ保有している。つまり、これらについては先の図の白い部分に該当すると特許庁で判断されたということだ。

登録商標「iPhone」とアイホン社との関係

もちろん、図の灰色部分に該当する場合は登録NGとなる。このルールによって、あやうく商標登録できない危機に晒された著名な商標がある。

米Apple Inc.（以下、アップル社）が世界に先駆けて製造販売を開始したスマートフォン「iPhone（アイフォーン）」である。

アップル社は2007年9月の「iPhone」発売に先立って、全世界で「iPhone」を商標登録する方向で動いていた。新商品を展開する際のブランド戦略の一環として、事前に商標権を押さえておくことが極めて重要であるからだ。同社はわが国では、2006年9月に「携帯電話」などを指定商品として商標「iPhone」の出願を完了した。

ところが、「iPhone」に類似する登録商標「アイホン」（商標登録第4604472号など）と

「AIPHONE」(商標登録第808389号など)がすでに存在し、その指定商品が「電話機」などであったことから、審査官は同社に対して、商標「iPhone」を登録することができないとする拒絶理由通知を出してきたのである。

登録商標「アイホン」と「AIPHONE」の保有者は、日本の「アイホン株式会社」(以下、アイホン社)であった。インターホン機器などの製造販売で古くから知られている会社だ。同社は以前から、「アイホン」と「AIPHONE」のブランドを使って商品展開をしており、登録商標もたくさん持っていたことから、アップル社の出願がこのいくつかに引っ掛かってしまったのである。

そこで、アップル社はアイホン社と交渉を開始した。アップル社は2007年4月の意見書において、「出願人は、現在、同商標権者と友好的な解決策について交渉中である。よって、出願人は、同交渉が決着するまで、今暫く本願の審査をご猶予賜りたくお願いする次第である」と述べて、審査を一時中断してくれるよう、審査官に依頼している。

具体的にどのように交渉したのか?

「アイホン社から承諾をもらったんじゃないの?」

そのように考える方もいるかもしれないが、事はそう単純ではない。

なぜなら、既存の登録商標の類似範囲に入る商標を登録から排除しているのは、「紛らわしい商標」の登録を防ぐことで、消費者を保護するためでもあるからだ。

つまり、今回のケースでは、アップル社がアイホン社の承諾を得たところで、互いの商標の紛らわしさがなくなるわけではないため、「iPhone」は登録ＯＫとはなりえない。

そのため、ここではちょっと複雑なスキームが採用された。

まず、アップル社が商標「iPhone」について登録を受ける権利をアイホン社に譲渡し、アイホン社に商標「iPhone」を登録してもらう。商標「iPhone」の出願人がアイホン社になれば、登録商標「アイホン」と「AIPHONE」が「他人の登録商標」ではなくなるため、自動的に拒絶理由は解消され、商標「iPhone」は問題なく登録される。

次に、アイホン社が商標「iPhone」を登録後、アップル社がアイホン社から商標使用のライセンスを受ける。こうすることで、アップル社は商標「iPhone」を自由に使うことができるようになるというわけだ。

約1年後の2008年3月、アイホン社は、商標「iPhone」に関して、日本国内において同社がアップル社に使用を許諾することなどで友好的な合意に至ったとするニュースを発表した。[*13]

そして、同年4月、アップル社が特許庁に「出願人名義変更届」を提出し、出願人の名義がアイホン社に変更された。続いて同年7月に「iPhone」が登録されると、アイホン社からアップル社に対して「専用使用権[*14]」という独占的な使用権がライセンスされた。アップル社はめでたく商標「iPhone」を自由に使える身となったのである。

このような経緯から、アップル社の「iPhone」公式ページ（日本語）の末尾には、「iPhoneの商標は、アイホン株式会社のライセンスにもとづき使用されています」という注意書きが、しっかりと書かれている。

「iPhone」の商標ライセンス料はいくら?

それでは、アップル社からアイホン社に対して、ライセンス料（ロイヤリティ）としてどの程度のお金が支払われているのだろうか?

詳しい合意内容については非公表となってはいるものの、どの程度のお金が動いているのかについて推測する方法はある。アイホン社は一部上場企業であるため、有価証券報告

*13　アイホン社とアップル社は、日本以外の地域では両社の商標が共存することで合意している。
*14　ライセンスを受けた者が、設定された範囲内で商標を独占的に使うことができる権利。侵害者に対してその行為の差し止めや損害賠償の請求をすることもできる。専用使用権を設定すると、商標権者であっても設定した範囲内（期間や地域など）では、その商標が使えなくなる。なお、同じ範囲で複数人に許諾可能な「通常使用権」という権利もある。

書などでその財務諸表が公開されているからだ。

同社の財務諸表にある「損益計算書」を覗いてみると、「iPhone」の発売が開始された2007年度から、「営業外収益」として、毎年、1億円の「受取ロイヤリティ」が計上されている。

要するに、「iPhone」の商標ライセンス料は、おおよそこの金額ということになるのだろう。[*15] また、毎年同額のまま推移しているので、ライセンス料は販売数量ベースではなく、定額制のようである。

ところで、全世界に目を広げると、アップル社は、「iPhone」のみならず、その後に発売した「iPad」についても、米国や中国などで商標権に関するトラブルを起こしている。「iPhone」と同じように、同一または類似の登録商標を持っている会社が存在していたのである。同社は最終的には商標を使えるようにしてはいるものの、権利処理が後手後手に回っている面は否定できない。

しかし、その経緯がどうであれ、普通名称の頭に「i」を付けただけの、覚えやすく読みやすいネーミングは絶妙だ。「iPhone」「iPad」「iMac」「iBook」「iPod」「iTunes」「iPhoto」「iSight」といった統一化された商品名・サービス名からも明らかなように、アップル社の基本戦略は、接頭語に「i」を沿えたブランドのグローバル展開であり、ステイーブ・ジョブズのこだわりが見えてくる。

もちろん、こういった単純な単語であるからこそ、世界のどこかで誰かが同一または類似の登録商標を持っている可能性も高い。しかし、だからといって、他人の商標権を回避するために複雑な商品名にしたり、また、国によって商品名を変えたりするのも、グローバルなマーケティング戦略を考えるうえでは、適切な方策ではないだろう。

特に、日本企業については、他人の商標権を回避するためだけではなく、単純に、「外国語にしたら変な意味だった」という理由から商品名を変えることも多い。たとえば、「カルピス」は英語で「牛のおしっこ（Cow Piss）」に聞こえることから、北米では「CALPICO」という商品名で販売されている。日本企業においても、最初から海外展開を前提としたネーミングを考えるべきだろう。皆さんもぜひ注意していただきたい。

ついでながら、ジョブズの亡くなった後にアップル社から発売された腕時計型の情報端末の商品名は、「iWatch」ではなく、「Apple Watch」であった。商標権のトラブルを未然に防ぐためにこのようなネーミングになったと言われているが、もしジョブズが生きていれば、どれだけ面倒なことになろうとも、「iWatch」とすることにこだわった気もする。

＊15　他の知的財産に関するものを含んでいる可能性もなくはない。

パロディ商標――「KUMA」「UUMA」「BUTA」

ここからは、「パロディ商標」について見ていくことにしよう。

観光地の土産物屋で買い物をしていると、必ずと言ってもよいほど目にするのが、有名ブランドをパロディ化したTシャツである。筆者は買ったことがないのだが、国内外を問わず色々なところで見かけるので、一定の需要があるのは間違いないだろう。

実際に、本書の30代編集担当はこの手のパロディ商品が好きなようで、観光地で見つけるたびに、こういったTシャツやボールペン、ハンカチをお土産として買ってくるらしい。数十種類は持っていると胸を張っていた。

商標「KUMA」と商標「PUMA」

さて、北海道石狩市にある観光みやげ品の卸売会社「日本観光商事」は、「KUMA」のロゴと熊らしきシルエットを付したTシャツを販売していた。上の比較図からも明らかなように、欧州のPuma SE（以下、プーマ社）[*16]の有名ブランド「PUMA」（商標登録第3324304号）をパロディ化したものである。

こういったパロディTシャツは、商標権者に見つからないようにコソコソと隠れて販売するものと筆者はずっと思っていたのだが[*17]、同社は2006年4月にこれを出願（商願2006－34819）。すると、なんと特許庁での審査を無事に通過して登録されてしまったのである。

審査官のミスだと思われた方もいるかもしれないが、じつはそうとも言えない。なぜなら、このふたつの商標は、文字も動物のシルエットも違うため、見た目（外観）、読み方（称呼）、意味合い（観念）を総合的に考慮して、双方が互いに類似しないという結論となっても、別におかしくはないからである。

また、「PUMA」のような「著名商標」の場合は、その類似範囲を超えて出所混同を生ずるおそれがある。そのため、商標法には、「他人の業務に係る商品又は役務と混同を生ずるおそれがある商標」は登録できないという規定が存在するのだが、審査官はそれに

＊16　ドイツのプーマ・アーゲー・ルドルフ・ダスラー・スポーツ社（Puma AG Rudolf Dassler Sport）は、2011年に欧州会社（SE）に組織変更されている。
＊17　2016年10月、大阪市内で有名ブランドのロゴマークをアレンジしたパロディTシャツを販売していた店に、商標法違反の疑いで大阪府警の捜査員が一斉捜索に入り、店長ら13人を逮捕する事件も起こっている。

BUTA　　UUMA

商標「BUTA」と商標「UUMA」

も触れていない。おそらく、「ＰＵＭＡ」と間違えて「ＫＵＭＡ」を買ったり、「ＫＵＭＡ」を「ＰＵＭＡ」の新シリーズだと誤解したりする人はいないと考えたからだろう。

この成功に気を良くしたのか、同社は2007年3月、さらに上に示す商標「ＢＵＴＡ」（商願２００７−３５４１５）と商標「ＵＵＭＡ」（商願２００７−３５４１６）を出願した。

これらふたつも、文字も動物のシルエットも違う。特に、「ＢＵＴＡ」には天使のような翼が生えているし、「ＵＵＭＡ」は「ＰＵＭＡ」よりも、むしろフェラーリのロゴに描かれている馬のシルエットに似ている。「ＰＵＭＡ」に類似しないのはもちろん、出所混同を生ずるおそれもなさそうだ。

ということは、「ＢＵＴＡ」と「ＵＵＭＡ」も無事に登録されたのだろうか？

だが、そんなに甘くはなかった。審査官もこれ以上の悪乗りは許すべきではないと考えたのか、次のような拒絶理由通知を出してきたのである。

……当該他人の周知・著名商標[*18]の名声に便乗し、その顧客吸引力にフリーライドするものといえますので、これは、公正な取引秩序を乱すおそれがあるばかりでなく、国際信義に反するものであって、公の秩序を害するおそれがあるものといわなければなりません。

要するに、「ＢＵＴＡ」と「ＵＵＭＡ」が公序良俗違反であるというのだ。このケースでは、外国の著名商標が絡んでいることで国際問題に発展するおそれもあることから、「国際信義に反する」という理由まで付いてきているところが興味深い。

たまにニュースになっているように、中国においては、「青森」など日本の地名や、「安室奈美恵」など芸能人の氏名が無関係の第三者に商標登録されたり、「クレヨンしんちゃん」や「無印良品」などが商標先取りの被害に遭ったりしている。これらなどはまさに、「国際信義に反する」ものの好例といえるだろう。[*19]

＊18　商標における「周知」とは、「需要者の間に広く認識されている」ことをいい、「著名」とはその程度が高いことをいう。

＊19　かつては日本においても、ミッキーマウスやポパイの絵柄など、不正な先取り商標が平然と登録されたりしていた。

この拒絶理由通知に対して、同社は意見書で反論するものの、あえなく拒絶査定。その後の拒絶査定不服審判においても、「商取引の秩序に反するものとして到底容認し得ないような場合に該当し、商道徳に反し、社会公共の利益に反するというべきである」として、「ＢＵＴＡ」と「ＵＵＭＡ」のいずれの商標についても拒絶審決がなされた。

これに勇気づけられたのか、２０１１年10月、プーマ社は登録商標「ＫＵＭＡ」についても無効にすべき理由（無効理由）[*20]があるとして、「無効審判」を請求した。[*21]無効審判で無効と判断されれば、その商標登録は初めからなかったものとみなされるからである。

特許庁としては、「ＢＵＴＡ」と「ＵＵＭＡ」を拒絶した手前、「ＫＵＭＡ」の登録維持は難しいと判断したのだろう。この審判では、「ＫＵＭＡ」を無効とする審決が出された。

この審判において、審判官は「公序良俗違反」に加えて、「出所混同を生ずるおそれ」があるとも指摘している。両商標の指定商品となっている衣類や靴では、「商標やブランドについて詳細な知識を持たない」一般消費者も多く、また、商標が「ワンポイントマークで小さく表示される場合も少なくない」ことから、一般消費者が些細な違いを見逃してしまう可能性があるというのである。

その後、日本観光商事から「ＫＵＭＡ」の商標権を譲り受けた会社が、この無効審決の取り消しを求めて知財高裁に訴え出た。[*22]だが、知財高裁も審決が妥当と判断したため、あえなく「ＫＵＭＡ」の無効は確定することとなった。

沖縄みやげらしい、商標「SHI-SA」

「SHI-SA」の場合

続いて、商標「ＳＨＩ－ＳＡ」をめぐる顛末を見てみよう。

２００５年６月、沖縄県那覇市の国際通りでパロディＴシャツを販売していた土産物業者が、上に示す商標「ＳＨＩ－ＳＡ」を出願した。

この商標は無事に登録されたもの[*23]（商標登録第５０４００３６号）、その後、思わぬ波乱に巻き込まれることになる。

まず、商標公報発行の２ヵ月後にプーマ社が「異議申立[*24]」を行ったところ、特許庁は、

＊20　無効理由がある商標登録については、その権利を行使することはできない。

＊21　一部の不登録事由については、登録日から5年を過ぎると無効審判が請求できなくなる。誤って登録された商標であっても、その5年の間にそれなりの信頼が蓄積されると考えられているためである。

＊22　これを「審決取消訴訟」という。地方裁判所（地裁）を飛び越えていきなり高等裁判所（高裁）に行くのは、特許庁での審判が準司法的な手続きと考えられているためである。

＊23　ただし、ストレートで登録になったわけではない。商標「シーサー」（商標登録第７１１０５４号）と商標「SCHIESSER」（商標登録第７２３４３１号）に類似するとして拒絶査定を受けた後、拒絶査定不服審判を経て登録に至っている。

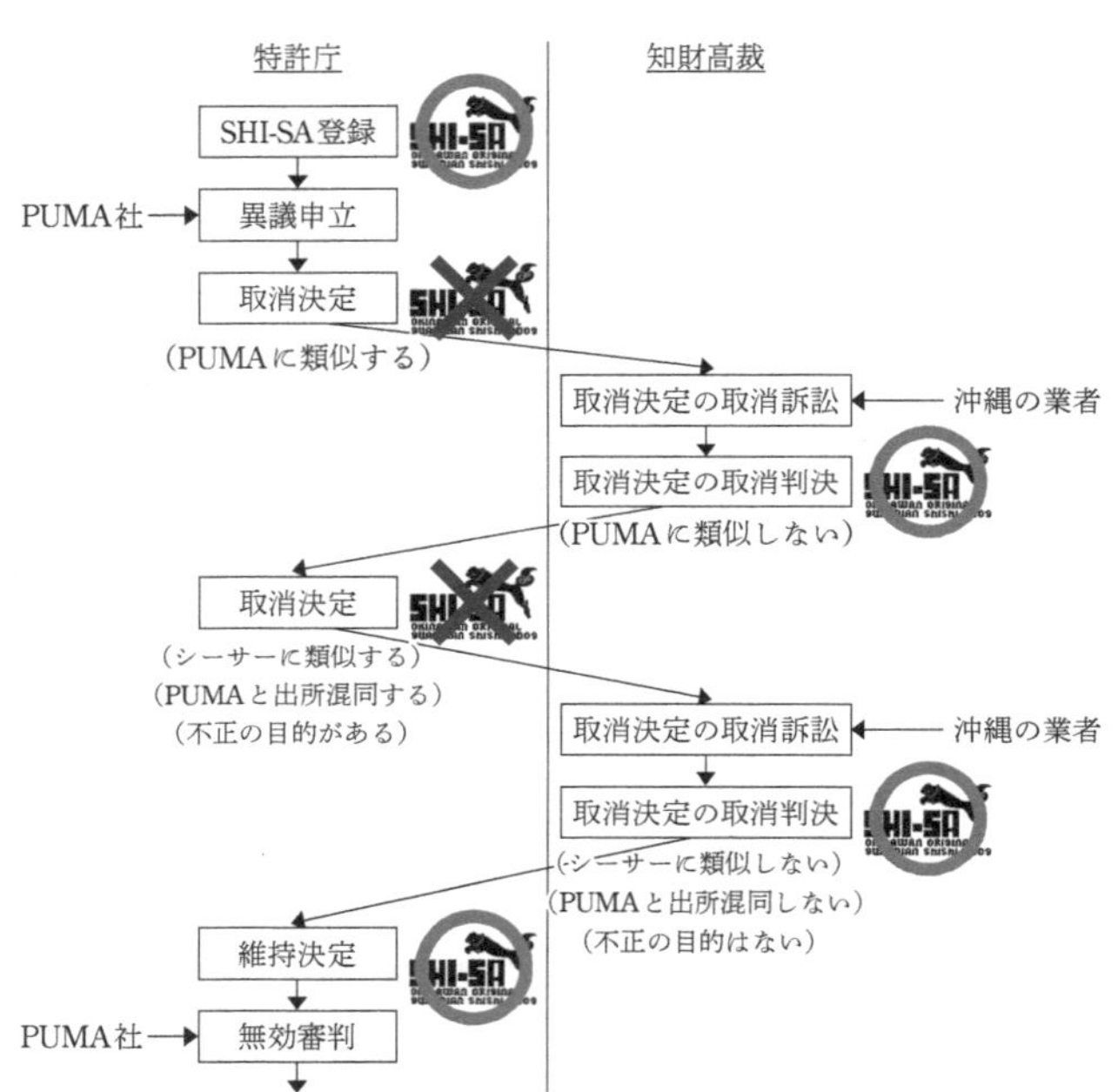

「SHI-SA」と「PUMA」の熾烈な争い

「PUMA」に類似するとして、「SHI-SA」の登録の「取消決定」を行った。

これを受けて、「取消決定」を不服とした業者側が、その「取消決定」を取り消すよう、知財高裁に訴え出た。すると、知財高裁は、「SHI-SA」は「PUMA」に類似しないという逆の判断をしたことから、特許庁による「取消決定」は取り消されて、特許庁において審理をやり直すことになった。[*25]

だが、特許庁としては「SHI-SA」の登録をどうしても認めたくなかったようである。

今度は、①「シーサー」（商標登録第711054号）と類似している、②「PUMA」と出所混同を生ずるおそれがある、③他人の周知商標「PUMA」と同一または類似で、「不正の目的」で使用される、といった3つの理由を持ち出して、再度、「SHI-SA」の登録の「取消決定」を行った。[*26] 複数の理由を繰り出してきたのは、特許庁としては、知財高裁がどれかひとつくらいは認めてくれると踏んだからであろう。

ここで、再度の「取消決定」を不服とした業者側は、再び、知財高裁に訴え出た。すると、知財高裁は、「SHI-SA」は「シーサー」とは類似せず、「PUMA」と出所混同を生ずるおそれもなく、また、業者側に「不正の目的」があるともいえないとして、特許庁による再度の「取消決定」を取り消したのである。

＊24　「商標公報」の発行日から2ヵ月以内であれば、特許庁に対して「異議申立」をすることができる。また、その期間を過ぎても「無効審判」は可能である。

＊25　知財高裁のできることは、特許庁における審決・決定を取り消すにとどまる。そのため、知財高裁による審決・決定の取り消しの判決が確定したときは、特許庁においてさらに審理が行われ、そこで改めて審決・決定がなされることになる。

＊26　1996（平成8）年の商標法改正で追加された。

その後、知財高裁に白旗を挙げた特許庁が「維持決定」を行うものの、プーマ社が「無効審判」を請求したため、2016年11月現在、まだ最終的な結論は出ていない。

それにしても、特許庁による「取消決定」が、知財高裁によって二度もひっくり返されるという事態も、極めて珍しい。ここまで来ると、特許庁と知財高裁のケンカである。ケンカをするのは勝手だが、特許庁の動きにも解せないところがある。そこまでして登録NGとしたいのなら、なぜいったん登録を許してしまったのだろうか？

また、この事例からも明らかなように、特許庁と知財高裁がケンカをしても、結局、階層構造によって知財高裁の判断のほうが優先するため、特許庁には勝ち目がないことがわかる。

ではなぜ、知財高裁は、ここまで「SHI－SA」に肩入れしたのであろうか？

判決文を読む限りにおいては、どうやら知財高裁の裁判官は、そもそも「SHI－SA」が「PUMA」のパロディとは思っていないようである。裁判官がそのような印象を持つに至ったのは、業者側の運営するホームページの記載も影響を与えたようだ。そこにはこう書かれている。

このマークは世界に向かってうちなーんちゅ（沖縄県民）が飛び出せと願いをシーサー

に込めてデザインしています。

なるほど。「PUMA」のパロディなんてことはひとことも書かれていない。裁判官は、沖縄の歩んだ不幸な歴史のことなども意識しながら、「シーサー、頑張れ！」と応援したくなったのかもしれない。

どこまで似ていたら商標権侵害なのか？

ここからは、どのような場合に商標権の侵害となるのかについて考えていこう。

商標権は、商標権者が登録商標を指定商品・指定役務に付けて使用できる独占権である。そのため、商標権者に無断で他人が登録商標を指定商品・指定役務に付けて使用する行為は、原則として商標権侵害となる。

また、他人による紛らわしい商標の使用も排除する必要があるため、商標権者に無断で他人が類似の範囲で商標を使用する行為も、原則として商標権侵害となる。

つまり、同一の範囲での使用行為だけではなく、類似の範囲での使用行為であっても商標権侵害になるということだ。

まとめると、商標権侵害となるのは、「**商標権者に断りもなく、何の根拠も正当な理由**

	他人の登録商標と同一の商標	他人の登録商標と類似する商標	他人の登録商標と非類似の商標
指定商品・指定役務と同一の商品・サービス	侵害Ⓐ	侵害Ⓑ	非侵害
指定商品・指定役務と類似する商品・サービス	侵害Ⓑ	侵害Ⓑ	非侵害
指定商品・指定役務と非類似の商品・サービス	非侵害	非侵害	非侵害

専用権の範囲と禁止権の範囲

も持たない第三者が、登録商標と同一または類似の商標を、指定商品・指定役務と同一または類似の商品・サービスに付けて使用する」場合となる。

これをわかりやすく図に示すと、上のようになる。

この図において、左上のⒶの部分は、他人による商標の使用を禁止できるのみならず、商標権者が独占的に商標を使用できる範囲であることから「**専用権の範囲**」という。一方で、その外側のⒷの部分は、他人による商標の使用を禁止できるものの、商標権者が独占的に商標を使用できる範囲ではないことから「**禁止権の範囲**」という。

ここで、ひとつ例を挙げて説明しよう。

仮にアップル社が、日本国内で商標「iPhone」の使用権がない状態であるにもかかわらず、勝手に商標「iPhone」を付けた携帯電話を販売していたとしたらどうだろう? 商標「iPhone」はアイホン社の登録商標「アイホン」と「AIPHONE」に類似し、商品「携帯電話」はその指定商品

「電話機」に含まれる。そのため、商標「iPhone」を使用する行為は、アイホン社の商標権の「禁止権の範囲」に入り、商標権侵害となってしまう。

なお、著作権侵害のときとは異なり依拠性は必要とされないため、他人の商標権の存在を知らなかった場合でも言い逃れをすることはできない。

商標をめぐる大企業の戦略

実質的に「禁止権の範囲」が拡大するような戦略を採用している企業も多い。[*27]

たとえば、登録商標「NO17」（商標登録第2419294号）をご存じだろうか？

商標権者は「ライオン株式会社」である。「NO17」を上下反転させると、「LION」となることから、同社は念のために「NO17」も押さえているのである。

腕時計「G-SHOCK」（「重力Gravityの衝撃Shockにも耐えられる」ことから命名された）についても、商標権者の「カシオ計算機」は「A-SHOCK」から「Z-SHOCK」まで、アルファベット26文字をすべて登録して、押さえている。

＊27　自己の登録商標が著名である場合、「防護標章登録制度」により、自己の登録商標の指定商品・指定役務と類似しない商品・サービスにまで禁止権を及ぼすこともできる。

このように、保護したい商標の周辺を他の商標で固めると、実質的に「禁止権の範囲」が拡大し、他人による紛らわしい商標の使用を排除することが容易となる。

また、保護したい商標について、たくさんの商品・サービスを指定する手法もよく用いられている。前述したジャニーズ事務所の登録商標「ＳＭＡＰ」がその一例だが、そのほか、キユーピー株式会社が、なぜかしら、「銃砲、火薬、爆薬、戦車」などを指定商品としてキユーピーマークを登録している（商標登録第５７６８１２２号）。

ところで、「禁止権の範囲」を考えるうえで、具体的にどれくらい似通っている場合に「類似」と判断されるのかという点は重要である。

ここで、前章で取り上げた「Asahi」と「AsaX」に再び登場してもらおう。

裁判において「Asahi」のロゴに著作物性がないと判断されたことを紹介した。だが、もちろん著作物性がなくても商標登録をすることは可能であり、アサヒビールは「Asahi」のロゴについて複数の商標登録を行っている（商標登録第２０５５１４３号など）。

そのため、この同じ裁判の中で、アサヒビールは「AsaX」が「Asahi」の商標権侵害であるという主張も行っていたのだ。

しかし、文字列の右側が大きく異なるため「見た目（外観）」は類似せず、「あさひ」と「あさっくす」で「読み方（称呼）」も類似せず、「AsaX」は造語なので「意味合い（観念）」

も類似しないという理由により、「AsaX」は「Asahi」に類似しないと判断されている。

「本当にあったHな話事件」の顛末

それでは、もう少し複雑な商標の場合はどうだろうか？

知財業界では有名な、「本当にあったHな話事件」を題材として取り上げることにしよう。

いきなり怪しげな事件名が出てきて驚いた方もいるかもしれない。

『本当にあったHな話』とは、ぶんか社が発行していた読者投稿のHな話を漫画化した成人向け雑誌のタイトルである。もともとは月刊誌で、コンビニの雑誌売り場の成人コーナーに置かれていた。残念ながら2015年8月に廃刊となったため、筆者は国立国会図書館で閲覧請求し、その表紙と中身を確認した（Hな雑誌もきちんと所蔵されているのだ）。

コンビニ通いしている方ならわかると思うが、いわゆる「コンビニ本」は、客が買い物の「ついで」に手に取ることを想定して、表紙やタイトルのインパクトだけで売り抜ける意図が見

本当にあったH（エッチ）な話

商標登録された「本当にあったHな話」（商標登録第4703152号）

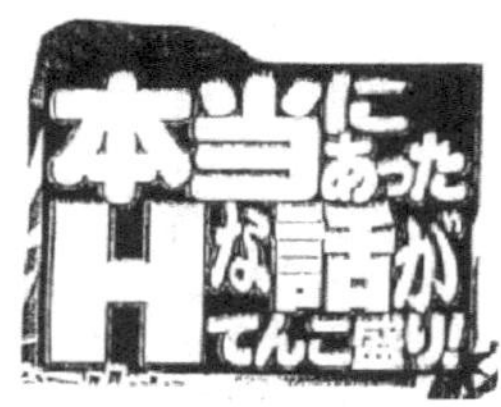

実際にあったエロ話がてんこ盛り！

竹書房『まんが快援隊』の表紙に併記されていた文字（裁判所ウェブサイトより）

え見えの廉価本（ワンコイン５００円など）が主流である。そのため、様々な出版社から似たような本が出されることが多い。

そういう業界事情も影響したのか、ぶんか社は雑誌のタイトルを保護すべく、「本当にあったＨな話」を商標登録した（商標登録第４７０３１５２号）。

それにもかかわらず、竹書房の発行していた成人向け雑誌の表紙に、これと似通った表示がなされていたことから、商標権侵害訴訟へと発展するのである。

その竹書房の雑誌のタイトルは『まんが快援隊』というものであった。これだけだと『本当にあったＨな話』と全然違うのだが、その表紙に、「本当にあったＨな話がてんこ盛り！」「実際にあったエロ話がてんこ盛り！」「本当に出会ったＨな話」などの文字が併記されていたことから、ぶんか社はこれらが商標権侵害にあたるとして、竹書房を東京地裁に提訴したのである。

この裁判における主要な争点のひとつが、「本当にあったHな話がてんこ盛り！」と、「実際にあったエロ話がてんこ盛り！」と、「本当に出会ったHな話」が、『本当にあったHな話』と類似しているのかどうかという点であった。

東京地裁が出した結論は次のようなものである。

『本当にあったHな話がてんこ盛り！』＝**類似する**
（「見た目」「読み方」「意味合い」、いずれも類似する）

『実際にあったエロ話がてんこ盛り！』＝**類似しない**
（「意味合い」は類似するが、「見た目」と「読み方」が類似せず、全体として類似しない）

『本当に出会ったHな話』＝**類似する**
（「見た目」は類似しないが、「読み方」と「意味合い」が類似し、全体として類似する）

竹書房は、これらは単なる「キャッチフレーズ」であって「商標としての使用」にはあたらないと主張したのだが、タイトルの「まんが快援隊」と同じかそれよりも目立つように毎号同じ位置に表示されていたため、商標として機能していると認定された。

ここまでして勝利を掴んだぶんか社であったが、前述したように、『本当にあったHな話』は廃刊となった。裁判には勝てても出版不況には勝てなかったということか……。

「1・2・3・ダァーッ！」と叫んだら商標権侵害？

筆者と同じガンプラ世代の方であれば、「ファーストガンダム」とも呼ばれるアニメーション作品『機動戦士ガンダム』のことをご存じであろう。主人公アムロ・レイの所属する地球連邦軍と敵対するジオン公国軍の大佐シャア・アズナブルの配下にいた、ニュータイプの少女ララァ・スンのことを覚えているだろうか？　彼女が搭乗する緑色をしたモビルアーマー（大型機動兵器）の名前が、「エルメス」であった（アムロたちは「とんがり帽子」と呼んでいた）。

バンダイから販売されている「エルメス」のプラモデルは、当初、パッケージに「エルメス」と書かれていた。ところが、いつの間にか「ララァ・スン専用モビルアーマー」という名称に変更されたのである。

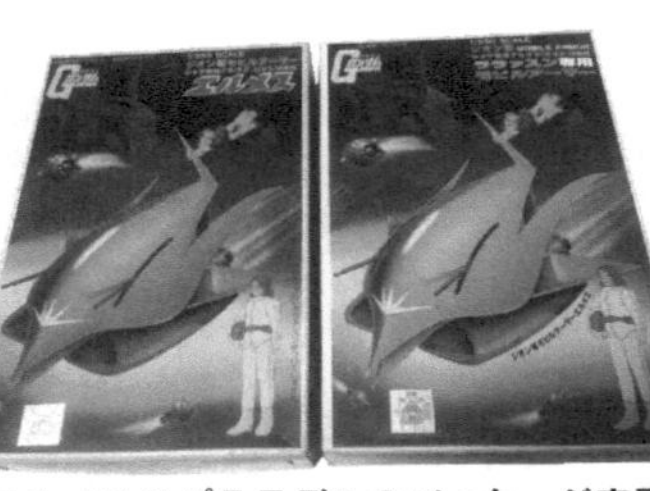
エルメスのプラモデルのパッケージ変更前（左）と変更後（資料としてヤフオク！で筆者が購入）

なぜ、こんな長ったらしい名前になったのか？

調べてみると、フランスのエルメス・アンテルナショナル社（以下、エルメス社）が、わが国において「おもちゃ、人形」を指定商品とした登録商標「エルメス／HERMÈS」（商標登録第797671号）を保有していることがわかった。このことが関係しているのかもしれない。

そこで、名称変更の経緯についてバンダイに問い合わせたのだが、同社の社長室広報チームからの回答は、「**権利元[*28]と相談の上、コメントは差し控えさせていただきます**」というものであった。そのため、本当の理由はわからずじまいだが、エルメス社との商標権トラブルを回避するための措置であったことは容易に想像できる。[*29] いずれにしても、この名称変更によって、定価300円にすぎなかった旧パッケージの「エルメス」のプラモデルは、現在、中古市場で1万円以上の高値で売買されている。

ところで、形式的に商標権を侵害していても、実質的には商標権侵害に該当しないケー

*28 「創通」と「サンライズ」のことと思われる。

*29 商標権者と交渉して、そのまま同じ名称を使い続けることもできる。具体的には、相手の「専用権の範囲」であれば、使用権をライセンスしてもらい、「禁止権の範囲」であれば、権利行使をしないようにお願いする。

スがある。以下、主な4つのケースについて紹介しよう。

1．その商標を「商標として使用」していなければ、該当しない。

先ほど、竹書房が「キャッチフレーズ」は「商標としての使用」にはあたらないと主張したと述べた。たしかに、それが他人の商品・サービスと区別するための「目印」として機能していなければ、「商標としての使用」にはあたらず、商標権侵害とはならない。

よりわかりやすいように、ひとつ例を挙げて説明しよう。

アントニオ猪木氏の権利管理会社「コーラルゼット株式会社」は「1・2・3・ダァーッ」の文字からなる登録商標を複数保有しており、その指定役務のひとつに「技芸・スポーツ又は知識の教授」がある（商標登録第4562064号）[*30]。

それでは、あなたがスポーツ教室を開催して、受講生に向かって、「1・2・3・ダァーッ！」と叫んだら、猪木氏が商標権侵害を主張して殴り込んで来るのだろうか？

その心配はない。単なる叫び声は「商標としての使用」にはあたらないからだ。

このケースでは、スポーツ教室の名前を「1・2・3・ダァーッ」にして、その看板を教室の前に出したり、また、そのネット広告を出したりすれば、「商標としての使用」に該当し、商標権侵害に問われる可能性が出てくる。

また、書籍や映画のタイトル（題号）も、その内容説明に過ぎないため、原則、「商標としての使用」にはあたらない。[*31] ただし、先ほどの『本当にあったHな話』のような雑誌や新聞などの定期刊行物については、内容が異なるものが繰り返し発行されることでそのタイトルが「目印」として機能するため、「商標としての使用」にあたることになる。

2. 登録商標が普通名称化している場合、その商標を使用しても、該当しない。

登録商標が「普通名称」として使われるようになると、商標権の効力が及ばなくなる。

たとえば、大幸薬品の登録商標「正露丸」（商標登録第5459984号）については、普通名称化したとする最高裁の判断が確定している（ちなみに「正露丸」は、日露戦争時に「ロシアを征する」という意味で命名された「征露丸」に由来する）。

また、美々卯（みみう）の登録商標「うどんすき」（商標登録第5536221号）についても、東京高裁が普通名称化したと判断している。

＊30 『へんな商標？』友利昴（発明協会、2010年）には、これをはじめとした珍商標がたくさん紹介されている。
＊31 「エルメス」のプラモデルについても、パッケージの文字が内容説明に過ぎないと判断できる場合は、商標権侵害とはならない。

なお、先ほど出てきた「プラモデル」という言葉も、じつは、日本プラモデル工業協同組合の登録商標である（商標登録第5557762号など）。普通名称と勘違いしている方も多いと思われるが、NHKなど一部のメディアは「プラスチックモデル」と呼んでいる。

普通名称化を防ぐための方法はいくつかある。たとえば、「東京ディズニーランド®」のように、いちいち登録商標であることを明示したり、普通名称と勘違いして使っている会社などに対して早期に警告を行ったりする対応策が有効だ。最近では、2016年9月、ロッテリアが期間限定で「京都黒七味風味」ポテトフライを販売したところ、登録商標「黒七味」を保有する「株式会社原了郭」（京都市東山区）が直ちに警告を行ったことで、ロッテリアが謝罪して発売中止となった。

3．登録商標の出願前からその商標を使用していて需要者の間に広く認識されている場合、その商標を使用しても、該当しない。

商標権者がその商標を出願する前から、自分がその商標と同一または類似の商標を使用している場合、それがその出願の際に「需要者の間に広く認識されている」ことなどを条件に、「先使用権」を主張できる。ほとんど知られていない場合は主張することができないので、やはり事前に商標権を押さえておくのが無難であろう。

4．自分の氏名などを普通に用いられる方法で表示する場合は、該当しない。
自分の肖像や氏名などを、自分を表示するものとして普通に用いられる方法で使用するのであれば、商標権侵害とはならない（本名だけではなく、「著名な芸名・筆名・雅号・略称」なども同様である）。

そのため、ドラッグストアのマツモトキヨシが「音楽の演奏」を指定役務とする登録商標「マツモトキヨシ」（商標登録第4330343号）を保有しているからといって、東京都大田区在住の松本清さんが「マツモトキヨシ」と明朝体で書かれた名札を下げてステージでギターの演奏をしたとしても、マツモトキヨシの商標権侵害に問われることはない。

登録商標「加護亜依」の不使用取消審判

2013年8月、登録商標「加護亜依」の存在が話題となった。

事の発端は、様々なスキャンダルを抱えていた元「モーニング娘。」のメンバー加護亜依が、芸能事務所「威風飄々」（現・ピークハントプロダクション）のもとで新たに芸能活動を再開したことであった。

その際、加護の前所属事務所「メインストリーム」が、「加護亜依」が商標登録されていることを根拠に、それにストップをかけたのである。[*32]

メインストリームは、加護が所属していた2009年2月、加護本人の同意を得て、「演芸の上演、音楽の演奏、歌唱の上演」などを指定役務として、商標「加護亜依」を登録していた（商標登録第5287159号）。

そのため同社は、加護が「加護亜依」の名前で活動した場合、加護を起用したテレビ局などに対して「道義的責任を追及したいので、芸名の使用料を請求する」といった考えがあることを表明したのである（「『加護亜依』商標登録済みで本名使えず!?」日刊スポーツWeb版2013年8月21日）。

なぜ「商標権侵害」ではなく、「道義的責任」なのか？

先ほど説明したように、自分の氏名や著名な芸名を、自分を表示するものとして普通に用いられる方法で使用する場合は、商標権侵害とはならない。加護の場合、本名の姓が変わったりしているが、「加護亜依」がすでに「著名な芸名」であるため、本名が何であるかは、あまり大きな問題ではない。

だから、「加護亜依」が登録商標になっていようが、単に出演者として名を連ねるだけであれば、何ら気にする必要はない。

だが、当時の威風飄々の関係者によると、一連の報道によって「加護亜依」が登録商標になっている事実が大きく取り上げられたことから、「加護亜依を使うことに及び腰になる」テレビ局などが増えていったという。

そこで同社は、「目に見えない被害、数値に表しづらい被害を止めるもしくは減らす」、また、「前事務所の言い分をなくす」ために、この登録を潰せないか検討を始めたという。だが、登録商標「加護亜依」は加護がメインストリーム所属時に本人も同意のうえで取得されたものであるため、登録に違法性はなく、「無効審判」を請求するわけにもいかない。

そこで、同社が請求したのは「不使用取消審判」であった。

商標権は、その商標を使う者に与えられる権利であるから、いつまでも商標が使われない状態が続くのであれば、その商標を独占させておくのは適切ではない。そのため商標法では、継続して3年以上日本国内において、登録商標がその指定商品・指定役務についてまったく使用されていない場合は、「不使用」を理由としてその登録を取り消すよう請求できるようになっているのである。[*33]

＊32　２０１６年7月、女優の能年玲奈氏が「のん」に改名したことも話題となった。こちらについては、少なくとも「能年玲奈」は商標登録されていない。

威風飄々は、登録商標「加護亜依」が「演芸の上演、音楽の演奏、歌唱の上演」などの指定役務について「継続して3年以上日本国内において」使用されていないと主張した。対するメインストリームは、アメリカ留学に関するウェブページ「navi☆Road USA」で登録商標「加護亜依」を使用していると主張した。実際にそのページには、「加護ちゃん的留学お助け情報サイト」「加護ちゃん留学への想いを語る」「加護ちゃんのギリギリ!?英会話」などの記載があったという。

しかしながら審判官は、この記載内容では、「演芸の上演、音楽の演奏、歌唱の上演」などについて商標を使用しているとはいえないと判断した。それに加えて、仮にこれが海外における演芸や音楽につながっているのだとしても、「継続して3年以上日本国内において」登録商標を使用していないという判断には影響しないとも述べている。

さらに審判官は、次のようなことも指摘した。

……「加護ちゃん的」などの表示があるところ、これらの表示は、その構成等から、いずれも「加護亜依」の文字からなる本件商標と同一でないことはもとより、社会通念上同一と認められる商標といえないものである。

そもそもの問題として、「登録商標を使用している」と主張するからには、それと社会通念上同一と認められる商標を使用する必要があったのである。

ところで、商標法には、登録商標を使用していない「正当な理由」があれば、取り消しを免れるという規定がある。そこでメインストリームは、加護本人が「商標権使用に非協力的であった」ことや、「スキャンダルで商標権の使用を不可能にさせた」ことが「正当な理由」にあたると主張した。

しかし審判官は、「地震、水害等の不可抗力によって生じた事由」や「放火、破壊等の第三者の故意又は過失によって生じた事由」などに該当せず、単なる「私人間の事情」であるとして、加護本人に起因する問題を「正当な理由」として認めなかった。

こうして、登録商標「加護亜依」の「演芸の上演、音楽の演奏、歌唱の上演」などの指定役務についての登録は取り消されることになった。[*34]

ちなみに、ここまでして威風飄々が登録取り消しのために奔走したにもかかわらず、その後、加護は契約を更新しなかった。同社にしてみれば、ちょっと残念な結末となってし

＊33 商標権者が故意に「禁止権の範囲」で商標を使用し、品質誤認や出所混同を生じさせているときも、「不正使用取消審判」を請求することで登録の取り消しを求めることができる。

まったといえるだろう。

なお、前述したように、ジャニーズ事務所は登録商標「SMAP」について多くの商品・サービスを指定している。そのため、「SMAP」の元メンバーがジャニーズ事務所を退社して「SMAP」の名前を使おうとした場合、その使い方によっては、同社が商標権を根拠に何らかのアクションを起こす可能性はある。

「不正競争行為」に該当するか

ここまで説明してきた商標制度には、いくつかの大きな弱点がある。

ひとつは、前述したように、登録が「早く出願した者順」となっているため、たとえ自分が考え出したネーミングであっても、他人に先取りされるリスクが常に付きまとう点である。また、商標登録しないと商標権が発生しないため、いくら商標の使用実績を積んでも、未登録のままだと権利行使ができないという点も大きな弱点だ。

さらに、商標登録しても必ずしも安心できないという面もある。たとえば、自己の登録商標が周知・著名な場合は、無関係の第三者がそれと同一または類似の商標を使用したりすれば、たとえ「禁止権の範囲」の外側であっても、消費者が「紛らわしい」と感じる可能性が高くなる。もちろん、そのような状態を野放しにすることは、公益的な観点からも望ましいことではない。

そのため、わが国では「不正競争防止法」によって、他人が築いた信用にタダ乗りする行為などを「不正競争行為」として直接規制することで、周知・著名な商標の保護を図ることもできるようにしている。

商標に関連するものとしては、次の行為が「不正競争行為」として挙げられている。

①周知な他人の商品等表示と同一または類似の商品等表示を使用して混同を招く行為
②著名な他人の商品等表示と同一または類似の商品等表示を使用する行為

この「商品等表示」とは、商品の出所や営業の主体を表す表示のことで、商号[*35]や商品の容器・包装なども含み、商標よりも概念的に広い[*36]。また、商品等表示が使われる商品・サ

＊34　登録商標「加護亜依」については、指定役務「演芸の上演、音楽の演奏、歌唱の上演」などについての登録は取り消されたものの、不使用取消審判の対象とはならなかった指定役務「海外における教育実習・実務研修・語学研修・留学に関する情報の提供」などについての登録は、２０１６年11月現在、依然として維持されている。
＊35　商号は商人が営業上自己を表示するために用いる名称であり、法務局に登記する。

ービスが何であるかは特に要件とはなっていない。

そして、第三者の行為が「不正競争行為」に該当する場合、その行為により営業上の利益を侵害された者は、その行為の差し止めや損害賠償の請求ができるようになっている。

不正競争防止法は、商標法とは異なり、登録が不要で、侵害があった場合にただちに裁判を起こせるというメリットがあるものの、実際の使用実績などを裁判で立証する手間がかかるといったデメリットもある。

商標法と不正競争防止法それぞれにメリットとデメリットがあるため、実際の裁判では、「商標権侵害」という主張と、「不正競争行為」という主張の二本立てで争うことも多い。

「白い恋人」と「面白い恋人」

たとえば、2011年11月に勃発した、吉本興業などが販売するパロディ商品「面白い恋人」を巡る裁判において、北海道の銘菓「白い恋人」（商標登録第4778317号など）を製造販売する石屋製菓は、「商標権侵害」と並行して、吉本興業側の行為が「不正競争行為」であると主張した。[*37] 商標権侵害が認められなくても、不正競争行為が認められることもあるからだ。

どのような判決が出るのかかなり注目されたが、結局、2013年2月に和解が成立。

吉本興業側がパッケージの図柄を変更し、原則、関西6府県での限定販売となった。

このほかにも、不正競争防止法に基づいた訴えは数多い。

たとえば、香水・婦人服・ハンドバッグなどの高級品で知られるシャネル（Chanel）の知的財産権を統括管理するスイス法人「シャネル・エス・アー」は、東急・中目黒駅近くのガード下の「歌謡スナックシャネル」、JR松戸駅東口の「スナックシャネル」、さらには、横須賀市内の「スナックシャネル」などを不正競争防止法に基づいて次々と訴えている。いずれも小規模な店舗に過ぎなかったものの、すべてシャネル側の勝訴で決着している。

また、少し古い話となるが、昭和後期の裁判例として、店頭の動く巨大な「松葉ガニ（ズワイガニ）」の看板で有名な「かに道楽」が、同様の看板を設置して

白い恋人と面白い恋人（新パッケージ）

＊36　2016年12月、「コメダ珈琲店」の郊外型店舗と酷似した「マサキ珈琲中島本店」（和歌山市）の店舗建物について使用差し止めの仮処分命令が東京地裁から出された。コメダ側のニュースリリースによると、店舗外装、店内構造及び内装が「商品等表示」として認められたようである。

いた「かに将軍」を不正競争防止法に基づいて訴えた事件が有名だ。[*38]

裁判所が「混同のおそれを否定することはできない」と判断して「かに道楽」が勝訴したため、「かに将軍」は店頭の看板を「動かないタラバガニ」に変更した。一見して違うカニとなったことから、これにて一件落着となっている（ちなみに生物学上は、松葉ガニは「カニ」であるが、タラバガニは「ヤドカリ」の一種である）。

現在のかに道楽の看板（上）と、かに将軍の看板（下）（筆者撮影）

第2章から得られる教訓

本章では、まず、どのような商標が登録ＯＫとなるのかについて説明した。「どこでもドア」は登録ＯＫなのに、「お魚くわえたどら猫」が登録ＮＧだったり、「福澤諭吉」が登録ＯＫなのに、「坂本龍馬」が登録ＮＧだったりと、少しの違いでその明暗が分かれた。

再三述べたように、商標は「選択物」であると考えられている。そのため、「早く出願した者順」のルールのほか、出所混同のおそれや公序良俗違反といった登録ＮＧのいずれの要件にも引っかからなければ、たとえ他人から盗用した言い回しであっても、登録可能ということになる。

また、商標権侵害となるケースのほか、不正競争行為と判断されるケースについても説明した。他人の商標について意識せざるを得ない局面となったときは、不正競争防止法のことも気に留めておきたいところだ。

ところで、せっかく登録商標を取っても、それを活用できなければ意味がない。商標「iPhone」を巡る顛末のところでも紹介したが、適切なネーミングを考え、それをどのように活用するのかといった「ブランド戦略」は極めて重要である。

ネーミングを考える際には、その「意味的側面」「視覚的側面」「聴覚的側面」のすべてを考慮すべきであるのはもちろんのこと、商標登録されやすいかどうかといった観点も重

＊37 菓子などを指定商品として、「黒い恋人」（商標登録第4514509号）、「赤い恋人」（商標登録第5365784号）、「青い恋人」（商標登録第4903168号）、「黄色い恋人」（商標登録第5768641号）などが、さりげなく登録されている。石屋製菓が文句を言ったという話も聞かないので、色が白くなければ特に問題とはしていないのかもしれない。

＊38 当時は「立体商標」や「動く商標」が認められていなかったので、不正競争防止法で戦わざるを得なかったが、現在であれば商標権に基づいて争うことも十分可能だろう。

要だ。一般的に、「ＳＯＮＹ」や「Panasonic」といった「造語商標」が最も登録されやすく、それに続いて、「萩の月」や「かもめの玉子」（いずれも東北地方の銘菓）など、既存の言葉ではあるが、商品・サービスの品質・機能などを表さない「恣意的商標」が登録されやすい。そして、「味の素」（化学調味料）や「アタック」（家庭用洗剤）など、商品・サービスの品質・機能などを暗示的に表す「暗示的商標」がそれに続く。

このようにしてネーミングを考えた後は、それをブランドとして育てていくことが大切である。自らが提供する商品・サービスのブランドイメージを高め、顧客のロイヤルティを醸成する際のツールとなるのが、ブランドネームのほか、ロゴ、カラー、スローガン、キャラクター、ジングル、パッケージなどの「ブランド要素」だ。これらについても商標登録すれば、ブランドの法的保護がより強固なものとなる。

もちろん、それだけで安心することはできない。自己の商品・サービスについて品質上の問題が起これば、ブランド価値はたちまち毀損（きそん）してしまう。また、他人による紛らわしい商標のタダ乗り（フリーライド）を放置すれば、自らの商標が普通名称化していくこと（ダイリューション）や、そのブランドイメージが汚染されること（ポリューション）に繋がってしまう。

商標権者には、こういったことを回避する不断の努力が求められているのだ。

◎いったん使うことが決まった商標については、他人に先取りされないうちに、いち早く出願することを検討する。
◎登録NGの要件がたくさんあるものの、それらの特徴をきちんと摑むことによって、効率的・効果的な出願戦略を考える。
◎他人の紛らわしい商標の使用を排除し、それと同時に自己のブランド価値を高めるための商標戦略を遂行する。
◎商標権による保護だけではなく、不正競争防止法による保護にも留意する。

第3章　そのアイデアの模倣は許されるのか？
——特許権・実用新案権・意匠権

鳩山幸氏が発明したキッチンパーツとは？

講談社のある東京都文京区音羽には、音羽御殿と呼ばれる立派な邸宅がある。戦後政治史の舞台のひとつともなった元内閣総理大臣・鳩山一郎氏の邸宅を記念館として一般公開している「鳩山会館」である。

閉館時間が近づいていたため、筆者は都心からタクシーで現地へと向かった。その途中、運転手が「今日は議員の皆さんでお集まりですか？」と尋ねてきた。それなりに高級なスーツを着てはいたが、筆者が政治家に見えたのだろうか？　タクシーは音羽通りを右折して急な坂道を上っていき、邸宅の玄関に到着した。

入館後、日当たりのよいサンルームから庭へと出た。お目当ての「マダム・ミユキ」はすぐに見つかった。マダム・ミユキは、鳩山由紀夫元首相の夫人である幸（みゆき）氏の名を冠した薔薇の新品種である。花弁の表面が明るい赤で、その裏面がクリーム色となっており、表と裏の色のコントラストが美しい。

筆者がここに足を運んだのは、幸氏による特許出願について質問状を送ったところ、幸氏本人から次のような直筆のメッセージをいただいたからである。

真青な空の下我が家のバラは只今満開で御座居ます。
このバラはマダム・ミユキと名付けて頂き皆様に親しんで頂いております。
御時間が御座居ましたら鳩山会館を御訪問頂ければ幸です。
御返事が遅くなりましたが、どうぞよろしくお願い申し上げます。

鳩山幸

その幸氏による特許出願とは、キッチンパーツに関する「隙間封止部材」（特開2004－16432）というものだ。

特許出願がなされると、その出願日から1年6ヵ月経過後に「出願公開」が行われ、その出願内容が「公開公報」に掲載される。筆者は発明者と出願人の欄に、「鳩山幸」と書かれた「公開公報」を見つけたのである。

ここで、発明者と出願人が異なっていることも少なくない。というのも、発明したのと同時に、原則として発明者は特許を受ける権利を持つものの、これは他人に譲渡できる性質のものであるためだ。実際に、会社の従業員が職務上行った発明（職務発明）については、発明者としてその従業員の名前が、また、出願人としてその会社の名前が掲載されることが多い。[*1]

以下、幸氏の発明の内容を見ていこう。

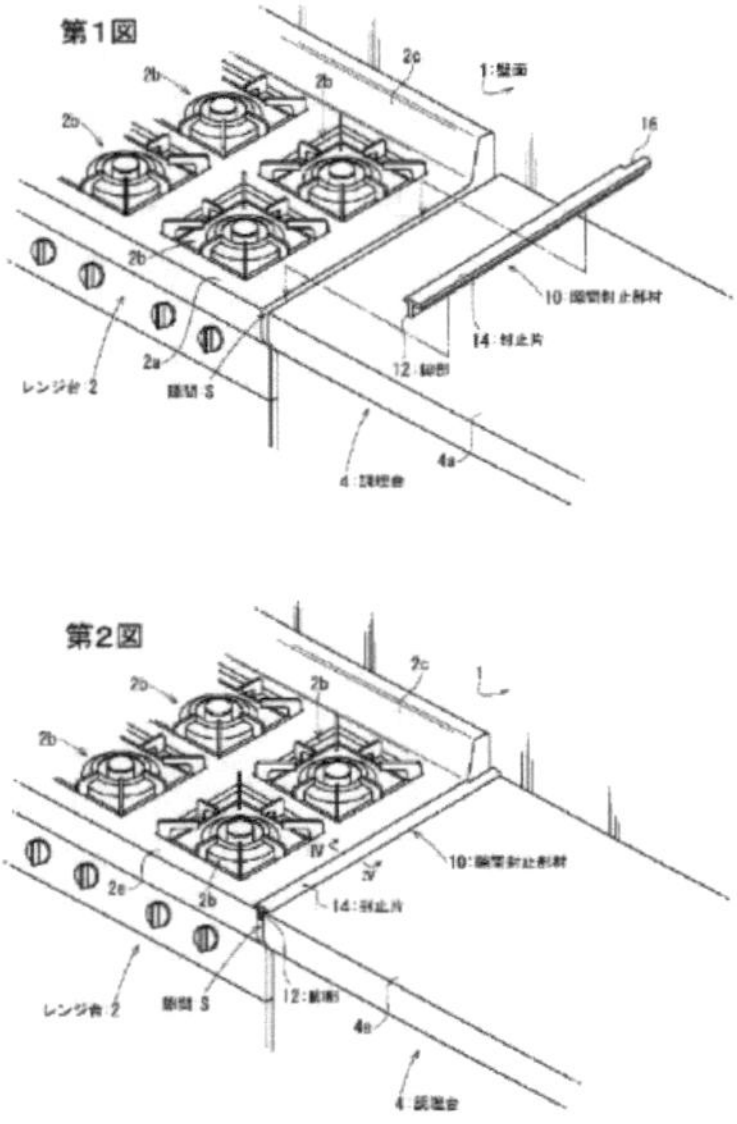

「隙間封止部材」（特開2004−16432）

　公開公報によると、従来は、台所のレンジとカウンターの間にできる隙間に、液体、台所用洗剤、微小な固形物、塵などの異物が上方から入り込みやすかったため、テープを貼ってこの隙間を塞いでいたという。しかしながら、テープに汚れが固着したときにそれを貼り替える必要があり、手間がかかるばかりか、綺麗に剝がせずに粘着剤が付着したまま残留することも多かったというのだ。

　そこで、幸氏は、右図に示すように、隙間を簡便に塞ぐことができるのみならず、着脱も自在に行うことができる部材を発明したのである。普段からキッチンを使いこなしているからこそ生まれ出たアイデアなのだろう。

　だが、ここまでの説明を聞いて、「同じような部材は、他にもあるような気もするけど……」と思われた方もいるかもしれない。特許権は今までにない新しい発明をした者に対して与えられるものだから、もし同じようなアイデアがすでに知られているのであれば、幸氏が特許を取ることはできない。

その点について審査官はどのように判断したのだろうか？

興味津々の方には申し訳ないが、この特許出願について審査官は審査をしていない。なぜなら、幸氏は「審査請求」をしなかったからである。

じつは、特許出願の場合、出願されたもののすべてが審査されるわけではなく、次頁の図に示すように、出願日から3年以内に「審査請求」されたものだけが審査の対象となる（審査が始まってからの流れは、商標の出願のときとほぼ同じである）[*2]。

幸氏は出願日から3年以内に審査請求をしなかったため、この出願は取り下げたものとみなされ、残念ながら、すでに特許が取れないものとなっている。

＊1　2015年の特許法改正により、従業者等による職務発明の場合、特許を受ける権利を最初から法人帰属とすることも可能となった。

＊2　審査官は「拒絶理由」（特許NGの理由）を見つけると、出願人に対して「拒絶理由通知」を行う。意見書による反論や補正書による補正で「拒絶理由」が解消されれば、「特許査定」（特許OKの決定）がなされるが、解消されない場合は、「拒絶査定」（特許NGの決定）がなされる。また、特許査定後は出願人が特許料を納付することで設定登録が行われ、「特許権」が発生する。

特許権取得の流れ

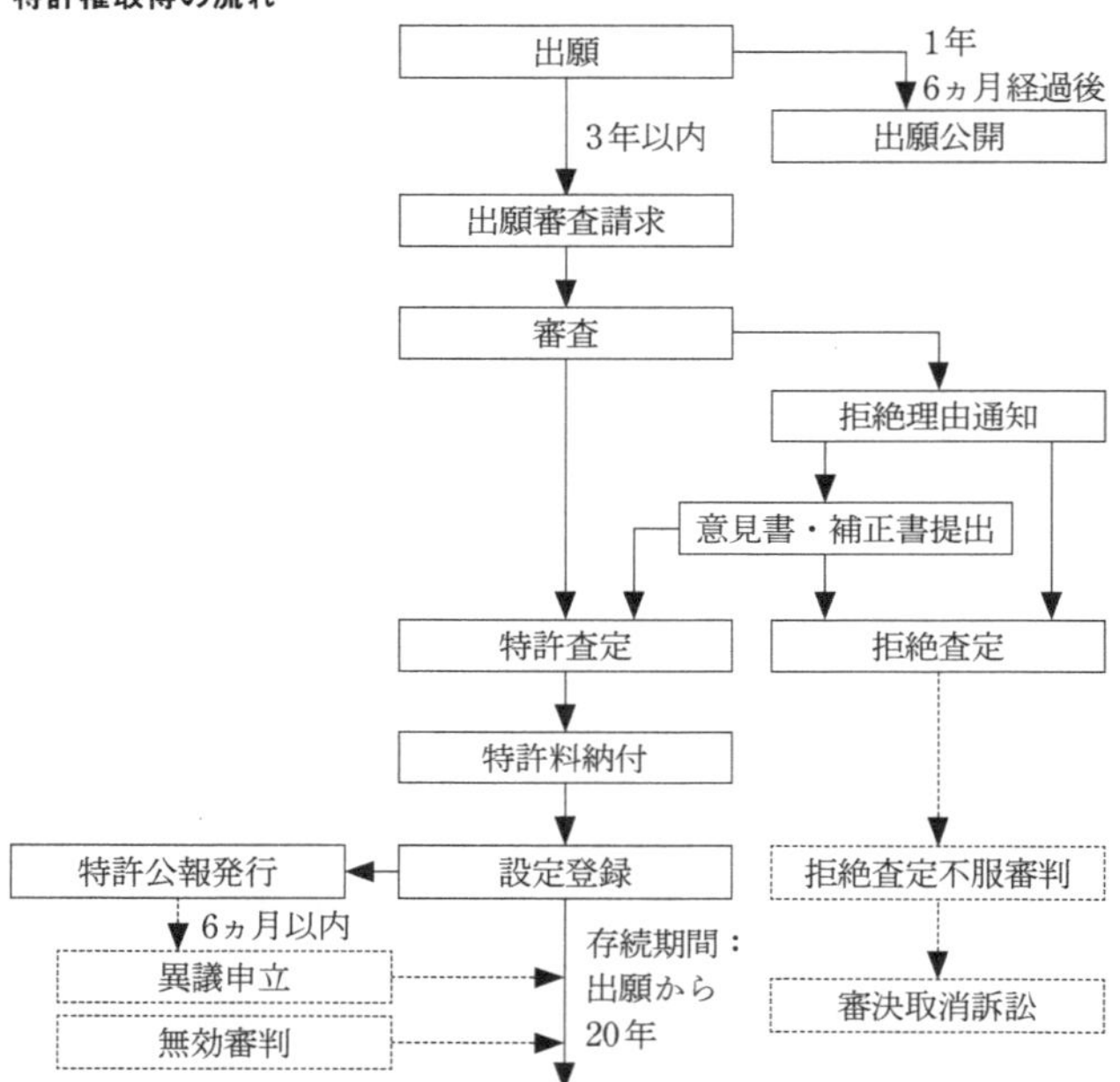

なぜ審査請求をしなかったのか？

では、なぜわざわざ特許出願をし、その後、審査請求をしなかったのだろうか？

その点について問い合わせるべく、幸氏の連絡先を探してみた。すると、同氏が主宰する勉強会「幸流」のホームページが見つかった（そこには幸氏本人の写真とともに、「ご一緒に宇宙の中で生かされている一人ひとりとして、勉強して行きましょう」と書かれていた）。

早速、「幸流」の事務局を通じて質問状を送ったところ、幸氏本人から直筆の回答をいただくことができた。

――特許出願されたのはなぜでしょうか？

主婦の手助けになるのでは・・・と思いました。

発明そのものが「主婦の手助け」になることは理解できるが、特許を取ると、幸氏がその発明を独占することになってしまう。しかしこう回答していることから、主婦による模倣を防ぐことが目的ではなく、特許を取得後に主婦に無償でライセンスすることを考えていたのかもしれない。

――ご自宅でも使われているのでしょうか？

使い続けています。

たしかに、『ようこそ鳩山家へ―鳩山幸さんのお料理、ファッション、おもてなし』(ベストセラーズ)や『鳩山幸 Have a Nice Time!』(扶桑社)といった著書に掲載された鳩山家の台所の写真を見ると、この「隙間封止部材」らしきものが写り込んでいる。

――審査請求されなかった理由について教えていただけますでしょうか?

今後はIHの時代となりカウンターの中にレンジがセットされているため隙間も無くなると感じた為です。

なるほど。最近はキッチン自体がシステム化して隙間ができないような構造になっている。世間一般の人がほとんど使わない発明であれば、権利を取得してもあまり意味がなく、無理に特許を取る必要もない。このように、時代の変化を敏感に捉えて審査請求をしなかったというのが真相のようである。

ちなみに、審査請求をするときは「審査請求料」を特許庁に支払わなければならない。これがけっこう高額で、減免対象でなければ、最低でも14万2000円もする[*3](2021年4月現在)。審査請求するかどうかについては慎重に考える必要があるだろう。

また、現在ではインターネットを使った手続きが一般的だが、紙の書類を特許庁に提出することもできる。その場合は「特許印紙」で支払いを行う。以前は「ＰＡＴＥＮＴ」という英文字が書かれたダサいデザインだったが、２０１１年からは特許庁総合庁舎をベースにしたお洒落なデザインに変更となった。

なお、１９９９年11月には、愛知県犬山市のお寺の副住職がカラーコピー機を使って特許印紙を偽造したことで逮捕される事件も起こっているので、たとえお金がなくても印紙の偽造は厳禁である。

日本の特許黎明期

特許を取るためには、今までにない新しい発明をする必要があると説明したが、人類最古の発明は、いったい何であろうか？

「火の起こし方」は、おそらくその中のひとつといえるだろう。

人類が誕生してからしばらくは、発明の成果は皆で分け合うという考え方が基本であっ

＊３　「請求項」（詳しくは後述）の数が増えるにつれて、どんどん高額になっていく。なお、特許出願をするときに支払う出願料は、１万４０００円である（２０２１年４月現在）。

た。つまり、発明はコミュニティの共有財産と考えられていたわけだ。その一方で、古くから発明を保護奨励する必要性も認識されていて、すでに紀元前のギリシャにおいて、新しい発明をした人に独占権を認めたという記録もある。

きちんとした特許制度が世界で初めて作られたのは、ルネッサンス時代のヴェネチア共和国である。1474年に発明者条例が制定されて以降、多くの特許が付与された。1594年には、あのガリレオ・ガリレイも灌漑用揚水機の特許を取得している。

特許制度を初めて成文化したのは英国だ。その後、他の欧州諸国や米国でも制度化が進んでいった。

では、わが国はどうだったのか？

日本に特許制度ができるのは、欧米よりもずっと遅く、明治時代になってからである。現代では考えられないことだが、江戸時代は、新しい事物を白眼視する考え方が支配的だった。これは徳川幕府の施政方針でもあって、1721（享保6）年には、「呉服物、諸道具、書物はもちろん、諸商品、菓子類もすべて新製品を作ることは一切まかりならぬ」という内容の「新規法度」というお触れまで出ているのである。江戸時代は平和が265年間も続く稀有な時代であったが、社会の平穏を保つために、あえて新しいものが生まれ出ないように幕府がコントロールしていた面もあったのである。

幕末の1868（明治元）年、福沢諭吉が『西洋事情外編』にて、欧米の特許制度のことを初めて日本に紹介する。

実際に制度化されるのはもっと先で、1871（明治4）年に日本で最初の特許法である「専売略規則」が公布された。だが、当時は国民も役人も制度を正しく理解して活用することができなかったため、「専売略規則」はわずか1年で中止となってしまう。

特許制度のない状態が続いたことで、悲運に見舞われる発明家も出てきた。

たとえば、純日本式の紡績機（ガラ紡）を発明した臥雲辰致（がうんたつむね）は、内国勧業博覧会などに出品して賞まで取っていたにもかかわらず、その構造が簡単だったことから、他人が勝手に作った模倣品が氾濫するようになった。辰致は発明に要した費用が回収できずに極貧状態に陥り、餓死寸前となってしまったのである。[*4]

もっとも、このような状況でありながらも、米国で特許を取得した日本人も存在する。

1883（明治16）年、横浜で花火製作の会社を経営していた平山甚太は、花火を打ち上げるとその内部から人形などが飛び出す仕組みの「昼花火」（Daylight Fire-works）を米国

*4　臥雲辰致は、1882（明治15）年に藍綬褒章を授与されている。「専売特許条例」の公布後は、他の発明などで生活にも余裕が生まれたようである。

特許商標庁に出願し、日本人として初めて米国特許を取得している。米国でのビジネスを視野に入れたものと思われるが、その先見性には感心させられる。

次々と発明された身近な日用品

わが国では、1885（明治18）年4月18日に、ようやく実質上の日本最初の特許法である「専売特許条例」が公布された。[*5]

そのとき、初代の特許局長（現在の特許庁長官）として就任したのが、あの高橋是清であった。あるとき「棺桶」に関する出願が拒絶されたことに腹を立てた発明家が特許局に抗議にやって来た。その発明家に追いかけられた是清が、テーブルの周りを七周半も逃げ回ったという逸話が特許庁のホームページに紹介されている。

ちなみに、日本の特許第1号は、漆工芸家の堀田瑞松（ほったずいしょう）による「堀田錆止塗料及び其塗法」である。その名のとおり、錆止め用の塗料とその塗り方に関するものであり、漆工芸で使用する漆に柿渋、生姜、酢などを配合した塗料を使うことで、船底の錆つきを防止するというものであった。

驚くべきことに、特許第1号の書類の文頭は、いきなり「東京府平民堀田瑞松……」で始まっている。当時は国民の「分類」も記載していたのだ。「平民」の特許が圧倒的に多

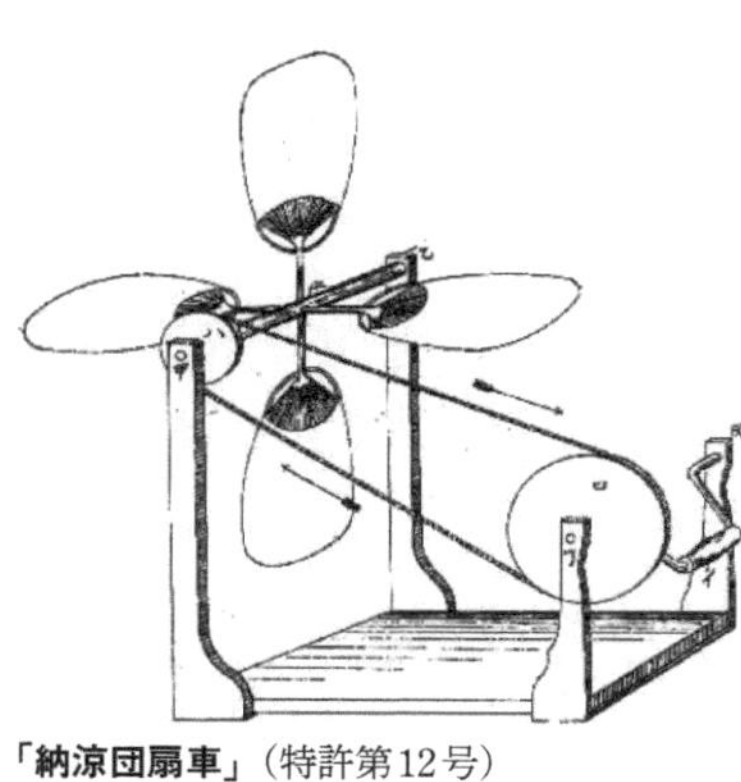

「**納涼団扇車**」（特許第12号）

いが、特許第19号は「士族」によるものである。

ざっと眺めてみると、わが国の特許黎明期の発明には、かんざしや寝袋など、身近な日用品が多いことがわかる。特に筆者の目を引いたのは、「納涼団扇車」（特許第12号）であった。発明の名称からしていかにも涼しそうだが、その図面は上のようなものだ。

団扇が扇風機のように回転することで、両側にいる人が涼しくなるという発明である。現在の扇風機の初期型のようなものだろうか？

しかし、よく見ると、電動式ではなく手動式となっている。つまり、涼しくなるためには取っ手をひたすら回す必要があるのだ。お節介な指摘かもしれないが、これでは涼しくなろうと必死に取っ手を回す人が、逆に暑くなってしまうのではないだろうか？

＊5　4月18日は「発明の日」となっており、現在でもこの日を中心に特許庁や経済産業省主催の様々なイベントが開催されている。また、「発明の日」を含む1週間は、「科学技術週間」とされている。

孫正義氏が取った特許とは？

ここで、特許を取るためには、具体的にどのような要件を満たす必要があるのか、ひとつひとつ見ていくことにしよう。これらの要件をすべて満たせば、特許庁の審査で「特許OK」と判断されることになる。

1．「発明」であるか

まず、「発明」でなければそもそも特許の対象とはならない。

特許法では、「自然法則を利用した技術的思想の創作のうち高度のもの」を「発明」と定義している。ここでいう「自然法則」とは、万有引力の法則など、「人間が経験的に自然の中から見出した法則」のことをいう。

発明として成立するためには自然法則を利用していることが前提となるため、自然法則を利用していない人為的な取り決め（ゲームのルールなど）や経済法則などは「発明」には該当しない。[*6] そのため、古文書などを解読して埋蔵金を発掘する「狩野埋蔵金の埋蔵場所を解読し発掘する方法」（特開２００１－４２７６５）や、株式市場において前日値より低い価格での株取引を禁止する「株価を上昇させ続ける方法」（特開２０００－１１６２００）が特許となることはない。

また、当然のことながら、自然法則に反するものも「発明」には該当しない。そのため、外部からエネルギーを加えなくても永久に動き続ける「永久機関」、不老不死になる薬、ピラミッドパワーを利用した治療機器（次頁図）なども特許を受けることはできない。

さらに、フォークボールの投球方法など、一生懸命練習することにより習得可能で、知識として他人に伝達できない「技能」も、「技術的思想の創作」ではないため、「発明」ではない。同様の理由から、プロレス技が特許されることもない。

だが、なぜかしら「発明」とはならないものを出願する人は後を絶たない。

たとえば、「超能力を開発した者」を自称する人物による「超能力」（特開2014－155432）という特許出願がある。サイコキネシス、テレパシー、念写などの超能力が覚醒して人類を救うのに役立ったことが書かれているものの、審査官は次のような拒絶理由通知を出している。

＊6　ゲームのルールは「発明」には該当しないが、「ソフトウェアによる情報処理が、ハードウェア資源（コンピュータやその周辺機器）を用いて具体的に実現されている」場合、そのソフトウェアによって実現されるゲームの仕組みは「発明」となり得る。

「逆さヒザ落とし」（特開昭57-148599）

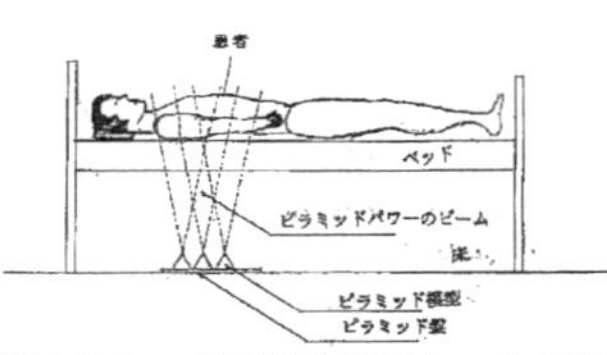

「ピラミッド模型を使用し、その模型から発生するピラミッドパワーを利用して各種の伝染病疾患を治療する医療器である」（特開平9-313624）

超能力が自然法則の枠内で実現できないことは一般的に知られていることであって、これを覆す事実が……客観的な事実として記載されているとは認められない……から、……自然法則を利用した技術的創作とは認められない。

仮に、発明の詳細な説明に記載された各超能力（念力、幽体離脱等）が出願人自身によって開発（覚醒）されたことが事実であったとしても、これを知識として第三者（当業者）に伝達できるほどの客観性は認められないから、……単なる個人的な技能であって技術的思想とはいえない。

「自然法則を利用していない」「技術的思想ではない」のダブルパンチである。

2. 産業上利用することができるか

また、発明に該当するからといって、すべてが特許になるわけではない。

まず、産業上利用できるものでなければならない。産業上利用できなければ保護する意味がないからである。産業上利用できない発明には、個人的な美容法などがある。[*7]

また、オゾン層の破壊を防ぐために地球全体を紫外線吸収プラスチックフィルムで覆う方法など、理論的には可能であっても実現不可能な発明も、産業上利用できない発明とされている。要するに、スケールが大きすぎる発明は特許を受けられないということだ。

とは言いながらも、海面を巨大なカバーで覆って海面からの上昇気流を防ぐ「台風防止装置」(特許第2727128号)や、数百メートルの高さのパイプを突き刺して地表の熱を上空に放出する「地球の温暖化防止方法」(特許第3742868号)は、きちんと特許となっており、必ずしも明確な基準があるわけではない。

*7 医師による医療行為も「人道上、人類のために広く開放すべき」という公益的な理由から特許の対象とはなっていない。特許制度上は「産業上利用できない発明」に分類されている。

3. 新しい発明か（新規性があるか）

本章の冒頭で述べたように、今までにない新しい発明をした者に特許が与えられる。そのため、特許を受けるためには、その発明が新しいものであること、つまり「新規性」があることが必要とされる。具体的には、特許出願前に不特定の者に知られた、または知られうる状況になった発明のほか、文献やインターネットで公開された発明は「新規性」がなく、特許とはならない。

また、意外に思われる方もいるかもしれないが、自分自身の発明を公開した後で、その同じ発明を出願した場合も、出願時にすでに「新規性」がなくなっていることから、原則、特許を受けることはできない。[*8]

そのため、出願前に自身の発明を第三者に見せる際には、事前に「秘密保持契約」(Non-disclosure Agreement) を結んで、相手方に「守秘義務」を課しておく必要がある。

4. 容易に考え出すことができない発明か（進歩性があるか）

特許を受けるためには、その発明が容易に考え出すことができるものではないこと、つまり「進歩性」があることも必要とされる。具体的には、特許出願前にその技術分野の専門家が従来技術などから簡単に思いつくような発明は「進歩性」がなく、特許とはならない。その従来技術を実際に知っていたかどうかは関係がないという点にも注意が必要だ。次頁の表に、審査官に「進歩性あり」と判断された例と、「進歩性なし」と判断された例を示した。

ひとつ目は、「アイアンクラブヘッド」(特開2007-44440)。ビートたけし(北野武)の「オイ、所! パターの延長線上でアイアンを作ってくれねえかなぁ」というひとことから、所ジョージが独自の「ハンマー理論」に基づいて製作したものであるという。実際に「TxTハンマーアイアン」として商品化されているが、その出願の23年前に公開されていた技術などから容易に考え出すことができるとして、「進歩性なし」と判断されている。[*9]

ふたつ目は、「ゴルフシミュレーションゲーム環境装置」(特許第4041197号)。ソフトバンクグループの孫正義社長が自宅の地下室に設置していると噂される、風を体

*8 自ら発明を公開したことで新規性を失った場合、公開した日から1年以内にその旨を申請して出願すれば、「例外的に新規性を失わなかった取り扱い」を受けることもできる。だが、自分の出願前に他人が独自に同じ発明を完成させて出願していた場合は、特許が取れなくなる。また、国によっては同様の例外が認められていないため、外国にも出願する場合は安易にこの制度に頼るべきではない。

*9 商品化されたアイアンのデザインは別途、意匠登録されている(意匠登録第1270610号)。

発明の名称と番号	発明者と出願人	発明の概要	引用技術の概要	審査官の判断
「アイアンクラブヘッド」（特開2007-44440）	発明者：ビートたけし（北野武）、所ジョージ（芳賀隆之）／出願人：オフィス北野、ティ・ヴイクラブ	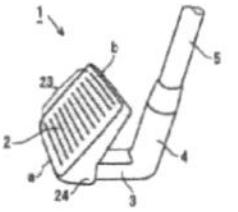 アイアンのバックフェースに連結部を設けてパターとアイアンを融合したかたちとしたことで、従来と比べて方向性が良くなるという効果がある。 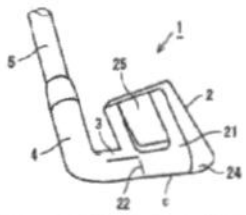	「ゴルフクラブ」（実開昭57-070360）など。アイアンのバックフェースに連結部が設けられている。  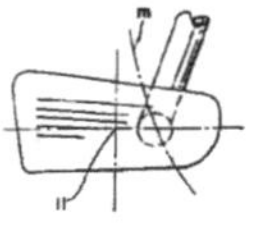	**進歩性なし**
「ゴルフシミュレーションゲーム環境装置」（特許第4041197号）	発明者：孫正義ほか／出願人：孫正義、鹿島建設ほか	ゴルフ練習打席の周囲に空気ダクト装置を設置して、その各空気口にある「別個に開閉が可能なゲート装置」を起動させることで、ゴルフ練習打席の周囲にある「任意の空気口から任意の強さの風を吹き出させること」ができる。 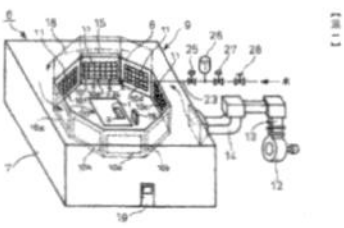	「ゴルフ打擊練習装置」（実開平6-44574）など。ゴルフ練習打席の周囲に設けた扇風機から風が吹く構造が示されているが、「別個に開閉が可能なゲート装置」は記載されておらず、「任意の空気口から任意の強さの風を吹き出させること」もできない。 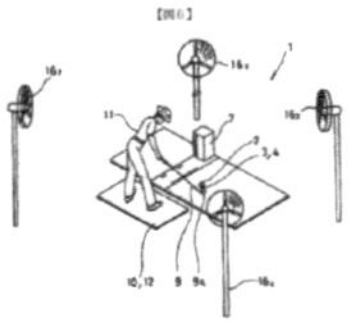	**進歩性あり**

「進歩性なし」と「進歩性あり」の具体例

感しながらショットができるゴルフ練習装置に関する発明である。こちらは引用された技術などから容易に考え出すことができないとして、「進歩性あり」と判断されている。

5. 他人よりも早く出願したか

同じ発明が複数出願された場合は、もっとも早く出願した者に特許が与えられる。そのため、発明を特許にしようと決めたら他人に先を越されないように、一刻も早く出願するのが賢明だ。

どちらが早いかについては日単位で判断されるため、同じ日に複数の特許出願があった場合、午前の出願と午後の出願の扱いに差異はなく、その後、出願人同士で協議する必要がある。

なお、他人が完成させた発明を盗んで、自分の発明であると称してその他人よりも早く出願しても、「冒認出願」とされて特許を取ることはできない。ただし、他人の発明を盗んだという証拠がまったく出てこなければ、そのまま特許として成立することはあり得る。

6．公序良俗に違反していないか

たとえば、紙幣偽造機械、アヘン吸引器具、金塊密輸用ベルトなど、公序良俗に反する発明も特許とはならない。

7．出願書類の記載は規定どおりか

わかりやすくいえば、「書類の書き方がきちんとしているか」ということである。出願の際、特許を求める発明を特定した「特許請求の範囲」や、発明の詳細な説明を記載した「明細書」などの出願書類を、所定のルールにしたがって記載することが求められる。[*10]

つまり、たとえ発明に特許性があっても、出願書類が所定のルールにしたがっていない場合、特許を受けられないということである。

実用新案権——メリー喜多川氏の考案した「早変わり舞台衣裳」

ここで、「実用新案権」の取得例にも触れておくことにしよう。

まずは、筆者が7年間近く暮らした米国カリフォルニア州でのエピソードから話を始めることにする。

皆さんは「リトルトーキョー」をご存じだろうか？

カリフォルニア州ロサンゼルス市のダウンタウンにある北米最大の日本人街の通称である。戦前は多くの日系人・日本人が住んでいて、それなりに栄えていたと聞く。だが、現在では、日系のホテルやスーパーマーケットのほか、ジャパニーズ・ヴィレッジなどの商業施設があるものの、日系人・日本人の多くは郊外に移り、周囲の治安が悪化している影響もあって、本来の日本人街としてはほとんど機能していない。

筆者は、ロサンゼルス南東のニューポートビーチ市に住んでいた頃、リトルトーキョーの「ミヤコホテル」に併設されている「みやこスパ」にときどき通っていた。日本人のマッサージ師さんたちがいたので、そこで日頃の疲れを癒やしていたのである。

ミヤコホテルが面しているイースト・ファースト通りをジャパニーズ・ヴィレッジ方面に少し歩くと、その右手に「高野山米国別院」という文字の刻まれた石柱がある。そこを右折すると、瓦屋根の立派な本堂が目に飛び込んでくる。ここは地元の日系人・日本人の間では有名な寺院で、毎年正月には大勢の初詣客が訪れる。

現在、日本の芸能界を牛耳っているとまで言われている、ジャニー喜多川とメリー喜多

＊10 「明細書」に、その技術分野の専門家が実施できる程度の内容を記載し、また「特許請求の範囲」に、権利を求める発明を「明細書」の内容に基づき明確に記載する必要がある。

川という著名な姉弟の父親が、この高野山米国別院で第3代主監を務めていた喜多川諦道という僧侶であったことは、あまり知られていない。

父親の諦道は寺で催し物などをしていたという。同姉弟がいったん日本に帰国してから戦後に再渡米した際、ジャニー氏が現地を訪れる日本の芸能人と交流していたことなどが契機となり、1962年のジャニーズ事務所の創業へと繋がっていく。

創業してからしばらくの間は紆余曲折があったようだ。たとえば、1972年にデビューして大ブレイクした郷ひろみを、3年後に大手のバーニングプロダクションに引き抜かれてしまったときは、所属タレントも少なく、また、法人化した直後だったこともあり、大変苦労したようである。

メリー喜多川氏は、その翌年の1976年12月、一件の考案を「実用新案」として出願する。それは、「早変り衣裳」(実開昭53－80505)というものであった。

この公開公報の考案者と出願人の欄には、「藤島メリー泰子」と書かれている。「藤島」となっているのは、作家の藤島泰輔氏(故人)と結婚して改姓したからだ。また、興味深いことに、東京在住であるにもかかわらず、神戸市の弁理士を代理人としている。

メリー氏の考案の具体的な内容は、ファスナーの一部に欠如箇所を設けるなどその構造を改良することで、重ね着をしている場合でも、瞬時に舞台衣装を脱げるようにしたというものである。

現在では、ジャニーズのアイドルの「早着替え」は定番のパフォーマンスとなっているが、こんな前からメリー氏は、他の事務所のアイドルとの差別化を図るために印象深いパフォーマンス用の衣装を考えていたのである。

1975年にジャニーズ事務所からデビューした豊川誕(じょう)は、「ぼくがデビューしたときの衣装はメリーさんが作ってくれました」と証言している(『週刊現代』2016年10月8日号)。どうやら当時はメリー氏がアイドルの衣装を自作していたようだ。

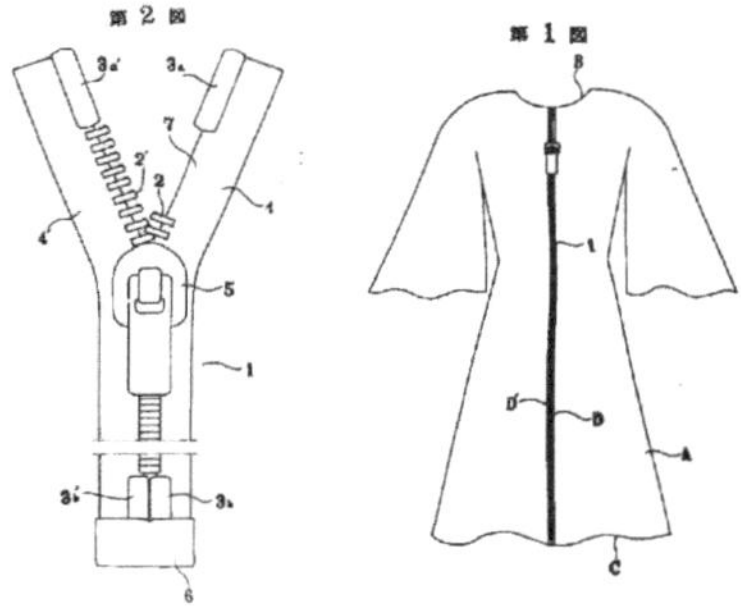

出願年の1976年は、田原俊彦と川崎麻世がジャニーズ事務所に加わった年なので、メリー氏が彼らに着させようとして考案したものかもしれない。また、翌年になって入所してくる近藤真彦のために用意したものだった可能性もある。

ところで、当時は実用新案の出願についても、新規性や進歩性など、特許を取るときと同じような要件を満たしているかどうかを審査官が審査していた。このメリー

「早変り衣裳」(実開昭53-80505)

氏の出願については、すでに同じような考案が知られていたこともあり、残念ながら権利化することはできなかったようだ。

だが、ここで諦めるメリー氏ではなかった。

弟のジャニー氏とともに日本最大の「アイドル帝国」を築き上げたメリー氏は、以前の出願から35年の時を経て、「早変わり舞台衣裳」という考案を実用新案として出願する。その出願日は、奇しくも、東日本大震災の発生前日の２０１１年3月10日であった。

この35年の間に、わが国の実用新案制度は大きく変わっていた。序章でも説明したように、１９９３（平成5）年の制度改革によって、審査官による実質的な審査がなくなり、出願書類の形式に問題がなければ例外なく登録されるようになったのである。

それにより、「早変わり舞台衣裳」も、出願翌月の4月に早くも特許庁に登録され（実用新案登録第３１６８０３４号）、その翌月の5月にはその登録公報が発行されている。震災後の混乱期であったというのに、特許庁では通常と変わらない処理が行われていたようだ。

ところでこの考案、35年前のものとどこが違うのか？

その登録公報に掲載されていた図（次頁の図）を使って説明しよう。まず、スラックスに備えられたファスナーを解除して左右に引っ張ると衣装が分離できるため、素早く衣装を脱ぐことができる。また、それだけではなく、４つある「面ファスナー」を結合すると、激しい運動をしてもその結合が解除されず、また、解除後の再結合が容易に行えるという。以前の考案と比べて「面ファスナー」を付け加えたところが大きな改良点となっているようだ。

なお、「面ファスナー」は「マジックテープ」と呼んだほうが通りがよいのだが、「マジックテープ」はクラレの登録商標のため（商標登録第1328163号ほか）、ここではあえて、「面ファスナー」という言葉を使っている。

【図１】　【図２】

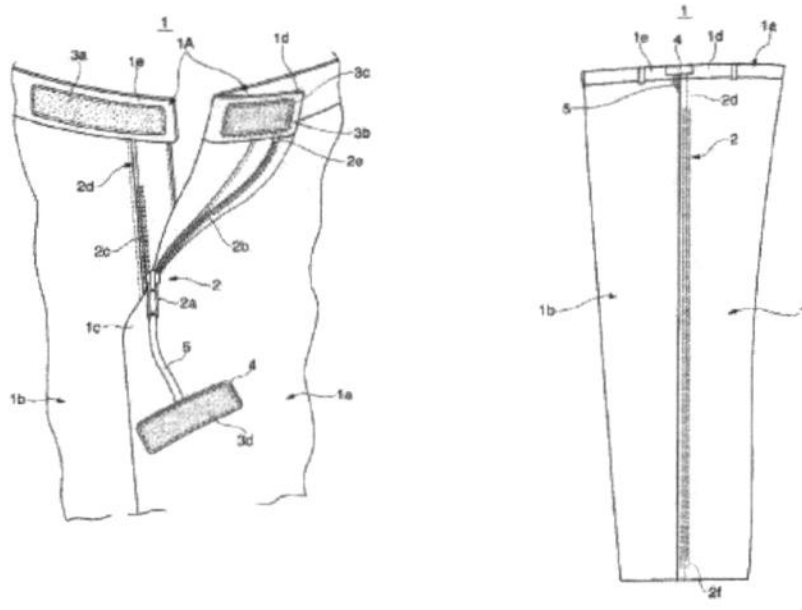

「早変わり舞台衣裳」（実用新案登録第3168034号）

ところで、序章でも述べたように、実用新案権は、実質的な審査を受けずに付与されることから、他人に対して権利を主張する際に追加の手続きが必要となる。[*11] そのうえ存続期間も出願日から10年と短く、特許権と比較して、あまり使い勝手のよい権利ではない。[*12]

なぜ以前の出願から35年を経て、メリー氏は特許権ではなく実用新案権を取得したのか？　また、ジャニーズのアイドルが「早着替え」をするとき、この実用新案と同じ舞台衣装を着用しているのか？

これらの点についてジャニーズ事務所に質問状を送ったところ、いきなり代理人弁護士2名の連名で次のような回答が来た（今まで取材をしてきた中で、代理人弁護士から回答が来たのはこれが初めてだ）。

株式会社ジャニーズ事務所の代理人として、ご連絡申し上げます。
表記のご質問をいただきましたが、同社の知的財産戦略等に鑑み、ご質問についての回答は差し控えさせていただきたく存じますので、その旨ご理解ください。

さすが業界でも鉄壁と言われる守りで、何の回答も引き出すことができなかった。この質問と一緒に、前章で取り上げた登録商標「ＳＭＡＰ」についても質問をしていたので、メリー氏に警戒されてしまったのかもしれない。

特許情報の探し方

ここで特許に話を戻そう。
前述したように、出願日から1年6ヵ月経過後に「出願公開」が行われ、その出願内容が「公開公報」に掲載される。出願公開によって第三者がその出願内容を把握できるようになるため、二重開発や二重投資といった無駄を防ぐことができ、また、発明の利用の促進も図られる。

さらに、出願人の視点では、出願公開された技術が「新しい発明」ではなくなることで、同じ内容で他人に特許を取られることを防ぐといった防衛的な効果も期待できる。

そのため、これまでに膨大な数の特許出願と出願公開がなされてきた。ここまで紹介してきた「変わった発明」は、そのごく一部に過ぎない。

ところで、筆者は「変わった発明」を探し出すエキスパートを自任しているが、どのように探し出してくるのかと質問を受けることも多い。この機会に、その手法を少し公開することにしよう。そのひとつは、「世の中で話題となっているキーワードから検索をかける」というものである。

たとえば、2016年は東京都に関するニュースが相次いだ。その中のひとつが、都知事を務めていた舛添要一氏の公私混同疑惑である。舛添氏は同年6月に都政を混乱させた

＊11 実用新案権を行使するときは、事前に特許庁に対して実用新案の技術評価を請求し、特許庁で作成してもらった「実用新案技術評価書」を相手側に提示して警告しておく必要がある。

＊12 一定の要件下で、実用新案の出願を特許出願に変更したり、実用新案の登録後にそれに基づいて特許出願したりすることもできる。

責任を取って辞任したが、その際、同氏が国会議員時代に、千葉県木更津市にある「龍宮城スパホテル三日月」に家族と一緒に宿泊した際の費用を、政治資金を使って処理していたことが問題視された。

さてここで、インターネットを使って「特許情報プラットフォーム（J-PlatPat）」にアクセスし、「ホテル三日月」と入力して検索ボタンを押してみてほしい。いきなり「黄金風呂」の公開公報（特開2007-210073）がヒットするはずだ。こうして「変わった発明」がまたひとつ見つかった。

ホテル三日月の「黄金風呂」に浸かってみて

この「黄金風呂」というのは、「ホテル三日月グループ」の名物となっている時価1億5000万円もする、18金で作られた正真正銘の黄金の浴槽である。2005年から同グループの各ホテルの大浴場に設置されており、入館者は入浴自由となっている。

その公開公報の出願人の欄には、千葉県勝浦市にある「勝浦ホテル三日月」と、「田中貴金属ジュエリー」の2社の名前が書かれている。出願が2005年となっているので、黄金風呂の設置に合わせて出願されたものらしい。田中貴金属ジュエリーが出願人に名を連ねているのは、同社が黄金風呂を受注・納品したことと関係があるようだ。

発明のポイントは、構造を工夫することにより、金製の浴槽の「黄金色や耐食性を保ったままで、金の使用量を少なくすることができる」という点にあるという。

それにしても、どのような経緯から黄金風呂を特許出願することになったのか？　気になった筆者が両社に対して質問状を送ったところ、ホテル三日月からの返事はなかったものの、田中貴金属ジュエリーのお客様係から次のような回答を受け取った。

本商品に限らず、当社グループとしては、お客様の依頼により当社が製造販売し、特許性が認められるものを出願する際には、お客様の了承を得て、出願及びお客様との共同出願とすることが通常実施されております。本商品の特許性のその当時の判断については、申し訳ありませんが、不明です。

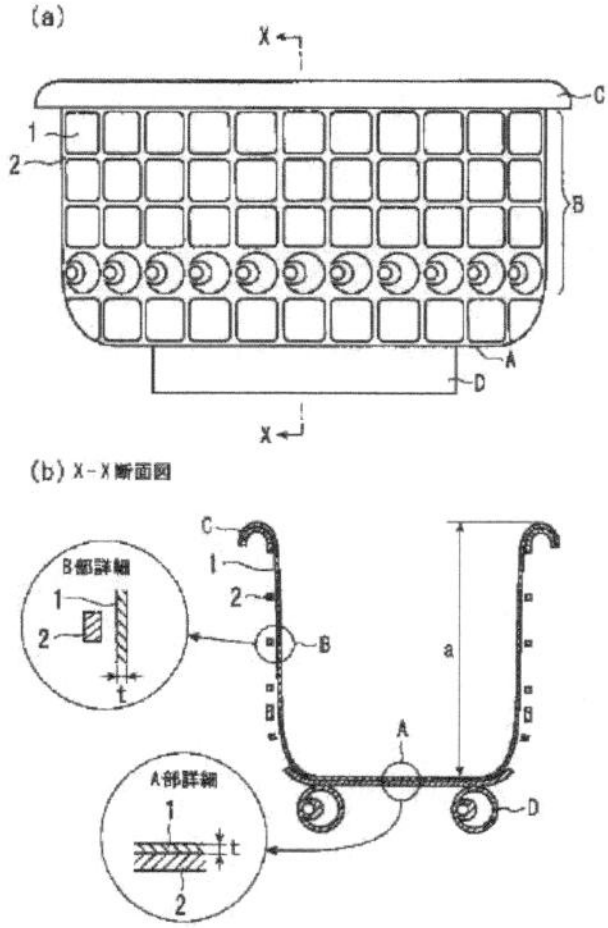

「黄金風呂」（特開2007-21073）

また、この特許出願は、出願日から3年以内に審査請求されなかったため、取り下げたものとみなされている。なぜ審査請求しなかったのか？　審査請求期限の1年前にあたる2007年5月に、千葉県鴨川市にある「小湊ホテル三日月」（当時）から黄金風呂の浴槽が何者かによって盗み出されたため、そのショックで特許化する意欲が失われてしまったのかもしれない（まあ、さすがにそれは関係ないとは思うが）。

審査請求しなかった理由についても同社に尋ねたのだが、「**不明**」との回答であった。もしかすると、わざわざ1億5000万円もかけて模倣品を作る人が出てくるはずもないから、特許にする必要もないと考えたのかもしれない。

このやり取りの後、少しでも黄金風呂に対する理解を深めようと、筆者は「勝浦ホテル三日月」で実際に黄金風呂を体験してみることにした。

フロント近くには「はあ〜極楽　至福の金運　1億5千万円　開運の黄金風呂」という幟が出ている。チェックイン後、早速大浴場に向かい、金ピカの浴槽の中に入ってみた。「本書が売れたら1億5000万円くらい入ってくるかもしれない」と考えてしまったのは、本物の金を使っていることによる心理的な効果かもしれない。

このホテルでも、2013年9月に、黄金風呂の一部が何者かによって切り取られる事件が起こっている。[*13] 防犯対策として監視カメラが設置されているのかと思いきや、そこまでやると盗撮になってしまうので、カメラまでは設置されていなかった。その代わり、黄金風呂の四隅に防犯センサーが取り付けられていた。もっとも、2007年の盗難事件では、防犯センサーの回線が切断されていたというから、これだけでは安心できないはずだ。普通に考えれば、何かしらの追加の防犯対策が施されているに違いない。

特許を出願すべきかどうか

そこで客室に戻った筆者は、自分のパソコンを立ち上げてインターネットにつなぎ、同ホテルが黄金風呂の盗難防止システムについて特許出願しているかどうかについて調べてみた。だが、一件もヒットしなかった。

まあ、冷静に考えてみれば、それはそうであろう。盗難防止システムを出願したりしたら大変なことになる。というのも、出願日から1年6ヵ月後には出願公開によってその発明内容が公開されてしまうため、浴槽を盗み出そうと考えている輩にそのヒントを与えてしまうことになるからだ。

これ以外にも、特殊な製法など目で見ただけではわからないものについては、その出願

＊13　2007年5月の盗難事件、この切り取り事件のいずれにおいても、犯人は捕まっていない。当時の報道によると、盗難保険には入っていたようである。

内容が公開されてしまうことで、特許出願したことが結果的にマイナスになることがある。特に、出願したものが特許とはならなかった場合、出願したものと同じ技術を他人が使っても、それに対抗する手段はない。[*14] 発明をしたら何でもかんでも出願すれば良いわけでもないのである。

こういったケースでは、発明したものを特許出願せず、「ノウハウ」として秘匿するという選択肢も考える必要がある。ノウハウという語には様々な意味合いがあるが、知的財産のひとつと解釈する立場では、「秘密として管理されている有用な技術情報・営業情報」のことを指す。有名な例としては、「コカ・コーラの原液の配合方法」がよく取り上げられる。

出願日から原則として20年しか保護されない特許権と比べて、ノウハウは秘密が破られない限り永久に保護できる点がメリットだが、流出リスクが常に付きまとう点、[*15] また、そのノウハウと同じ技術を独自に発明した他人が特許を取ってしまう可能性がある点などがデメリットとなる。

三雲孝江氏が発明したフェイスアップクリップの秘密

ここからは実際に特許として成立したものを中心に見ていくことにしよう。

女性発明家は、鳩山幸氏やメリー喜多川氏だけに限らない。元ＴＢＳアナウンサーで、現在はフリーアナウンサーをしている三雲孝江氏をご存じだろうか？　１９８０年代から90年代にかけて、様々なテレビ番組に出演していたため、筆者の世代であれば知っている方も多いかと思う。

三雲氏は「顔のしわ矯正具」という特許を取得している（特許第４５３６７７２号）。鳩山幸氏が台所関係で、メリー喜多川氏が衣装関係であったところ、三雲氏は美容関係である。いずれも、女性らしい発明だ。

この三雲氏の特許の内容は極めてシンプルなものである。

次頁の図に示すように、頭部の左右両側に取り付ける左右一対のクリップと、そのクリップ同士を互いに後頭部側に引き寄せた状態で保持する紐から構成されている。左右一対のクリップは、それぞれ一体化された２つの板バネ部材からなっていて、その２つの板バネ部材の間に装着者の毛髪を挟み込むことで、クリップを固定する構造となっている。

＊14　実際に、中国企業や韓国企業などは、日本の公開公報のデータベースにアクセスしてその情報を活用することで、技術のキャッチアップを図ってきたと言われている。

＊15　ノウハウが不正競争防止法における営業秘密（秘密管理性、有用性、非公知性をすべて満たしたもの）に該当する場合は、同法による保護を受けることができる。

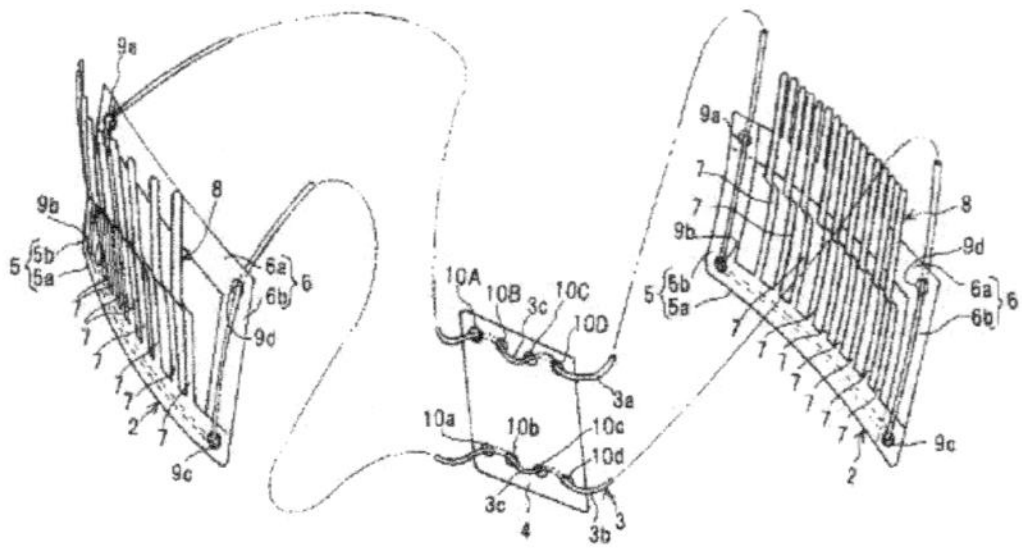

「**顔のしわ矯正具**」(特許第4536772号)

これにより、外科的な整形治療やレーザーエネルギーの照射器具などに頼ることなく、個人が手軽に、「しわを無くして、若さとハリを取り戻した顔に見せることができる」ようになるという。また、クリップと紐については、自身の毛髪で覆って隠すことができるため、他人に知られることがないというメリットもあるらしい。

特許公報には、次頁に示すように、「顔のしわ矯正具」の「使用前」と「使用後」の状態を示した図も付けられていた。正直な感想を述べさせていただくと、若返ったというよりも、まるで別人のようである。

通販サイトなどで美容グッズを買い漁っている奥様方であれば、ここまでの説明を読んでピンと来たかもしれない。じつは、この特許は、目元やフェイスラインをピンと引き上げる「フェイスアップクリップα」として商品化されている。通販サイトの口コミを見ると、「美魔女になれました」などの好意的なコメントが多く目に付く。

いったいどのような経緯で、このような発明をしたのだろうか？　通販サイトのひとつである「ジュピターショップチャンネル」の販売ページに、三雲氏本人のメッセージが掲載されていたので、その一部を抜粋して紹介する。

> 耳の上の髪を後ろに引き上げると、若かった頃の表情になるって知っていますか？　実は女優さんやタレントさんの中には、耳の上の髪を伸ばして三つ編みにし、後頭部で縛っている人もいるんです。でもショートヘアの私にはそれは出来ない…もっと簡単にできないかしら？　と、考えているうちに、ハッとひらめいて「フェイスアップクリップ」を考案し商品化しました。

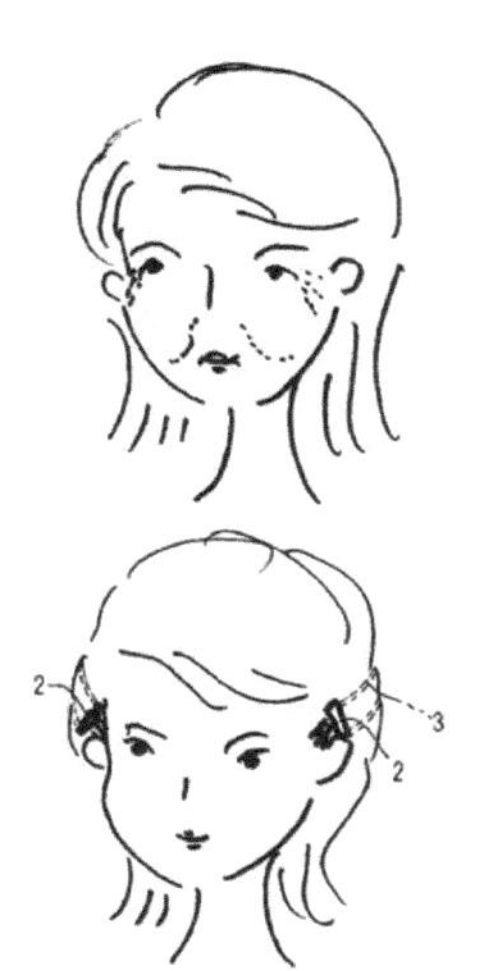

「顔のしわ矯正具」の使用前と使用後（特許第4536772号の特許公報より）

商品化にあたって色々と試行錯誤したことにも触れられていて、思い入れがよくわかる。

それでは、三雲氏に断りもなく、無関係の第三者が「フェイスアップクリップα」と同じものを製造販売したら、いったいどうなるのか？

三雲氏が怒るのは間違いないが、それだけではなく、その行為は原則として、三雲氏の「特許権侵害」となる。

特許権者（特許権を有する者）は、事業として独占的にその特許を使う[*16]ことができるだけではなく、自分の特許権を侵害する他人に対して、その行為の差し止めや損害賠償の請求をすることができる。そのため、侵害者は三雲氏から訴えられる可能性があるわけだ。[*17]

それでは、「フェイスアップクリップα」と同じものではなく、その類似品の場合はどうであろうか？

じつは、ケースバイケースである。

具体的には、その類似品が「顔のしわ矯正具」の「特許発明（特許を受けている発明）の技術的範囲」に属していれば特許権の侵害となるが、属していなければ特許権の侵害とはならない。具体的な判断基準については後述するが、類似しているから侵害で、類似していないから侵害ではないといった単純なものではないことに注意してほしい。

それにしても、「フェイスアップクリップα」を使うと、特許公報にある「使用前」と「使用後」の図のように、本当に顔の印象が大きく変わるのだろうか？

気になった筆者は、早速通販で購入してみることにした。

自宅に届いた箱は随分と軽い。薔薇が描かれたパッケージを開けると、特製クリップ2つと、106㎜と101㎜各1本の専用ゴムバンドのほか、クリップとゴムバンドを収納する黄色いポーチ1つと、特許番号が書かれた取扱説明書が入っていた。

おそるおそるクリップにゴムバンドを装着して髪に留めてみた。鏡を見ると、なんとなく目元やフェイスラインが引き上がっているのがわかる。

だが、正直なところ、筆者の場合、それほど目立った変化はなかった。もう少し歳を重ねてから使うとちょうどよいのかもしれない。

とろろ芋の特許の秘密

先ほど、「特許発明の技術的範囲」に属していれば特許権の侵害となるが、属していな

＊16　本書では「事業として」と記載しているが、正しくは「業として」である。また、本書では「特許を使う」と記載しているが、こちらも正しくは、「特許発明（特許を受けている発明）の実施をする」である。「物の発明」であれば、それを生産・使用・譲渡等する行為、「方法の発明」であれば、その方法を使用する行為、また、「物を生産する方法の発明」であれば、その方法を使用する行為のほか、その方法により生産した物を使用・譲渡等する行為を指す。

＊17　商標権侵害のときと同様、他人の特許権の存在を知らなくても言い逃れはできない。

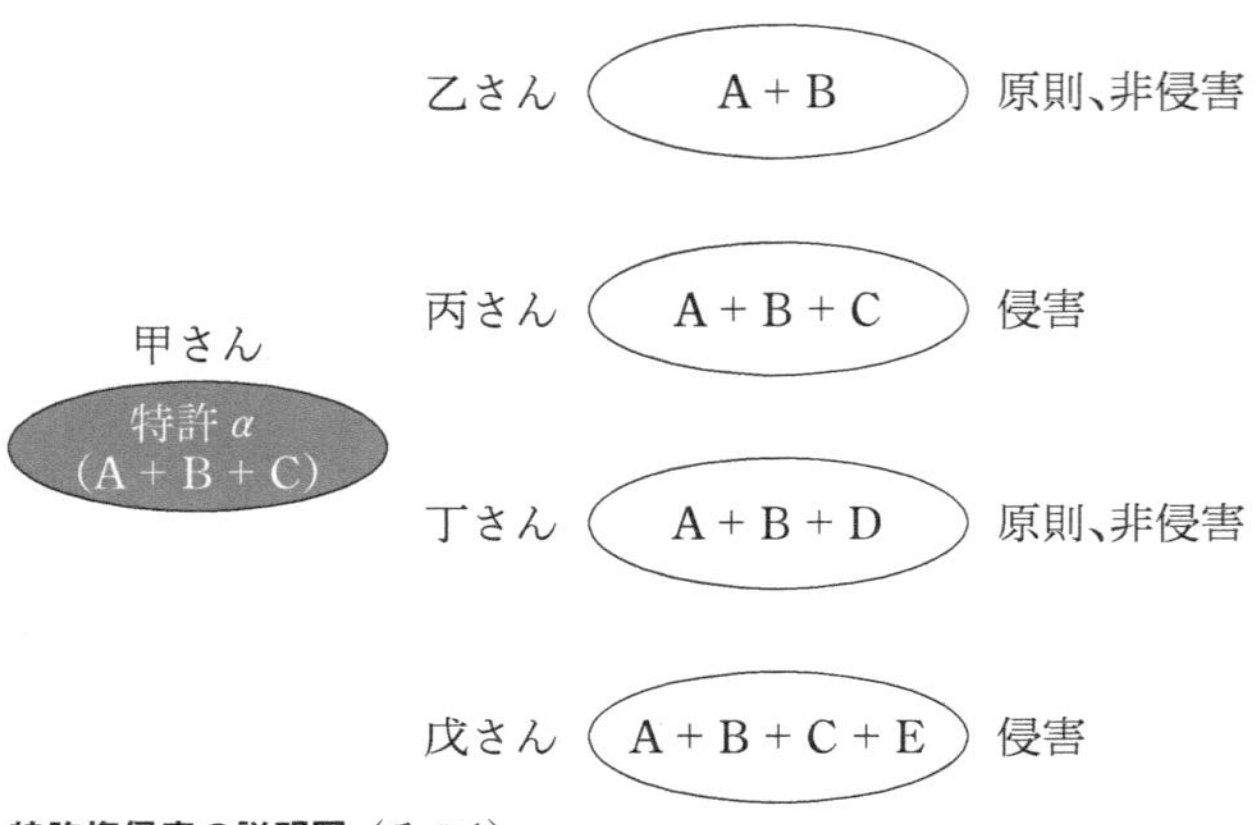

特許権侵害の説明図（その1）

ければ特許権の侵害とはならないと述べた。

これだけだとイメージがつかみにくいので、わかりやすく図を使って説明しよう。

たとえば、発明の構成要素をA、B、C……などと表現したうえで、甲さんの持つ特許αが「A＋B＋C」からなる機械であるとする。この場合、A、B、Cのすべてを含む機械の生産・使用・譲渡などの行為が特許権の侵害に該当する。

そのため、「A＋B＋C」からなる機械を生産している丙さんと、「A＋B＋C＋E」からなる機械を生産している戊さんは、特許権の侵害となるが、「A＋B」からなる機械を生産している乙さんと、「A＋B＋D」からなる機械を生産している丁さんは、原則、特許権の侵害とはならない。[*18]

出願人は、「特許請求の範囲」に列挙された「請求項」に特許を求める発明を記載する。この「請求項」が広い表現で書かれていればいるほど、特許発明の技術的範囲、つまり、特許権の権利範囲が広くなる。

一般的には、請求項の記載が短いほど、発明が限定されずに広い権利となり、逆に、請求項の記載が長いほど、発明が限定されて狭い権利となる傾向がある。

請求項の文字数が極端に少ないものを、次頁に表としてまとめてみた。存続期間満了や特許料未納[*19]などの理由から、いずれも権利が消滅しているが、これくらいのシンプルな内容であっても特許として成立することを、知っておいても損はない。

＊18 「A＋B」が特許製品の「重要部品」と判断される場合、乙さんの行為が「間接侵害」として特許権侵害に問われる可能性はある。また、一定の要件のもとで「C＝D」と解釈する「均等論」という考え方が適用できる場合、丁さんの行為が「均等侵害」として特許権侵害に問われる可能性はある。

＊19 特許成立後は、特許庁に特許料（特許の維持費用）を支払う必要がある。この支払いを止めると権利は消滅してしまう。2004（平成16）年4月1日以降に審査請求をしたものについては、第1年から第3年までは毎年4300円＋（請求項の数×300円）、第4年から第6年までは毎年1万300円＋（請求項の数×800円）、第7年から第9年までは毎年2万4800円＋（請求項の数×1900円）、第10年以降は毎年5万9400円＋（請求項の数×4600円）となっており、徐々に高額になっていく（2023年9月現在）。

発明の名称及び番号	出願人／特許権者	請求項1	文字数
とろろ芋（特許第3592302号）	キユーピー	卵殻微粉末を添加してなるとろろ芋。	17文字
卵製品（特許第3426554号）	キユーピー	可溶性卵殻膜を添加してなる卵製品。	17文字
揚げ出し卵豆腐およびその製造方法（特公平7-63335）	K．Y．	卵豆腐を油で揚げてなる揚げ出し卵豆腐。	19文字
粉炭（特許第2709305号）	T．Y．、ハイウェイ・リバーメンテナンス、S．K．	おからを炭化して成ることを特徴とする粉炭。	21文字
海藻灰系抗フケ菌剤（特許第3223179号）	坂本薬草園、多田フィロソフィ	海藻灰及び／又はその抽出液を有効成分とする抗フケ菌剤。	27文字

請求項の文字数の少ない特許の例

この表の中で、もっとも文字数の少ないものが、キユーピー株式会社の「とろろ芋」（特許第3592302号）と「卵製品」（特許第3426554号）である。いずれもはじめの請求項の文字数は、俳句と同じわずか17文字だ。

同社に問い合わせたところ、「とろろ芋」については、「スノーマン　冷凍とろろ」として現在も販売されていることがわかったので、ある日、通販で購入してみた。実際に食べてみると、卵の殻を粉末にしたものが含まれているだけあり、ネバネバとした食感があった（業務用食品のため1袋500グラムもあって、食べ切るまでが大変だった）。

もっとも、ここまで短い請求項となることは極めて稀で、実際に成立している特許の場合、請求項の文字数はもっと多い。新規性や進歩性の要件を満たすためには、従来技術との差別化を図る必要があり、その結果として自ずと文字数が増えてしまうからである。

クロスライセンスとは何か

自分の製品に設計変更を施し、他人の「特許発明の技術的範囲」から外れるようにすることで、意図的に特許権侵害を回避することもよく行われている。

その好例ともいえるのが、アップル社の保有するスマートフォンの「バウンスバック機能」の特許に対する競合他社の対応であろう。

バウンスバック機能とは、スマートフォンのメニュー画面が表示されている状態で、タッチパネル上で指を左方向に動かした場合に、メニュー画面のページが次々とめくられて、最後のページにおいて表示画面の右に外側の余白が表示され、指を離すと跳ね返るような動作でゆっくり余白が消える機能である。

これは世界各国で特許になっており（米国特許7469381など）、もちろん日本でも特許が成立している（特許第4743919号）。

じつは、このアップル社の特許の影響で、アンドロイド端末をはじめとするiOS以外のスマートフォンには、ごく一部の機種を除いて、この機能は実装されていない。その代

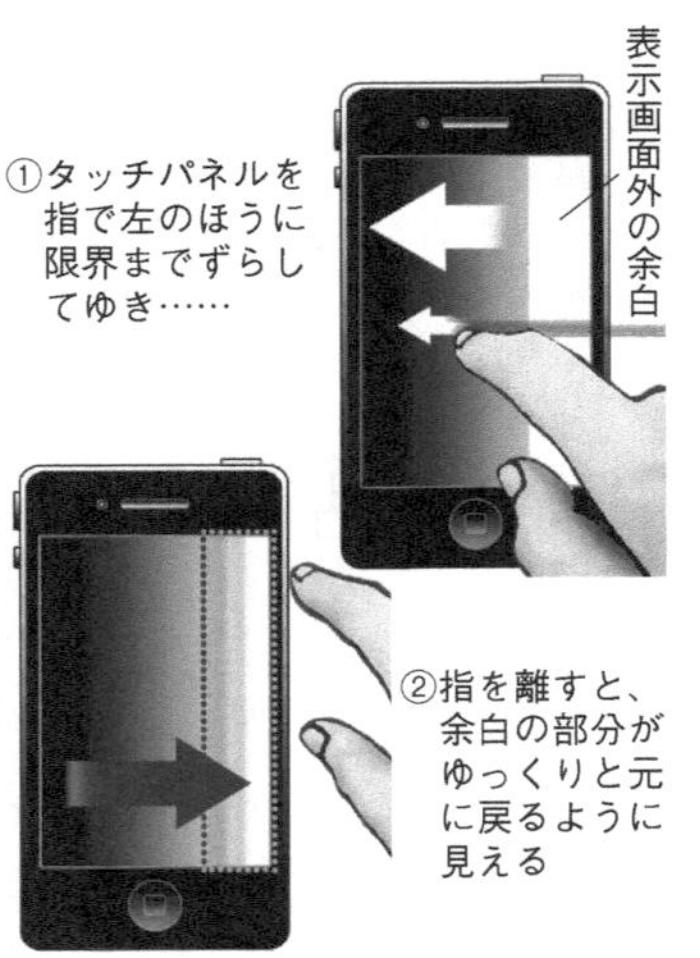

アップル社の「バウンスバック機能」

わり、メニュー画面のページがループしたり、最後のページの右端の色が変わったりする仕様になっていることが多い。これなどはまさに、競合他社が特許権侵害を回避する目的で設計変更した結果といえる。

もちろん、こういった設計変更をすると使い勝手が悪くなることも多々ある。そのため、特許権者と交渉してライセンスを受けるのでも構わない。[*20] ただし、特許権者が交渉に応じないこともあるし、多額のライセンス料を要求してくる場合もある。

ライセンス交渉を有利に進める方法としてよく用いられるのが、「クロスライセンス」である。これは、簡単に説明すると、自分が相手側の特許を使いたいときに、相手側からその特許をライセンスしてもらう代わりに、自分が持っている特許のうち相手側が使いたがっているものをライセンスしてあげることをいう。

以下、「クロスライセンス」の一例について説明しよう。

たとえば、先ほど示した「特許権侵害の説明図」において、甲さんが特許αを取得する前に乙さんが「A＋B」からなる機械について特許βを押さえていたとする（次頁参照）。この場合、特許αは特許βを利用する関係となっているため（これを「利用発明」という）、特許αを持つ甲さんが、特許βを持つ乙さんに断りもなく、そのまま特許αを使うと、特許βの特許権侵害となってしまう。だが、このケースにおいて、乙さんが甲さんの特許αを使いたいと考えることもあるだろう。その場合は、甲さんと乙さんとで、お互いの特許をライセンスし合うことになる。

なお、クロスライセンスが有効なのは、相手側も事業をしている場合である。自らは研究開発や製品の製造販売を行わないのに、第三者から買い漁った特許を武器に、企業などに権利行使を仕掛けてくる「パテント・トロール」については、クロスライセンスに持ち込むことが難しい。「パテント・トロール」は、最近各国で問題となっており、特許制度の趣旨に反する存在でもあることから、何らかの法規制を求める声もある。

＊20　ライセンスには大きく分けて「専用実施権」と「通常実施権」がある。「専用実施権」は、ライセンスを受けた者が、設定された範囲内で特許を独占的に使うことができる権利であり（その範囲内では特許権者であってもその特許が使えなくなる）、「通常実施権」は、同じ範囲で複数人に許諾可能な権利である。また、ライセンスを受けるのではなく、特許権者から特許権の譲渡を受けることもできる。

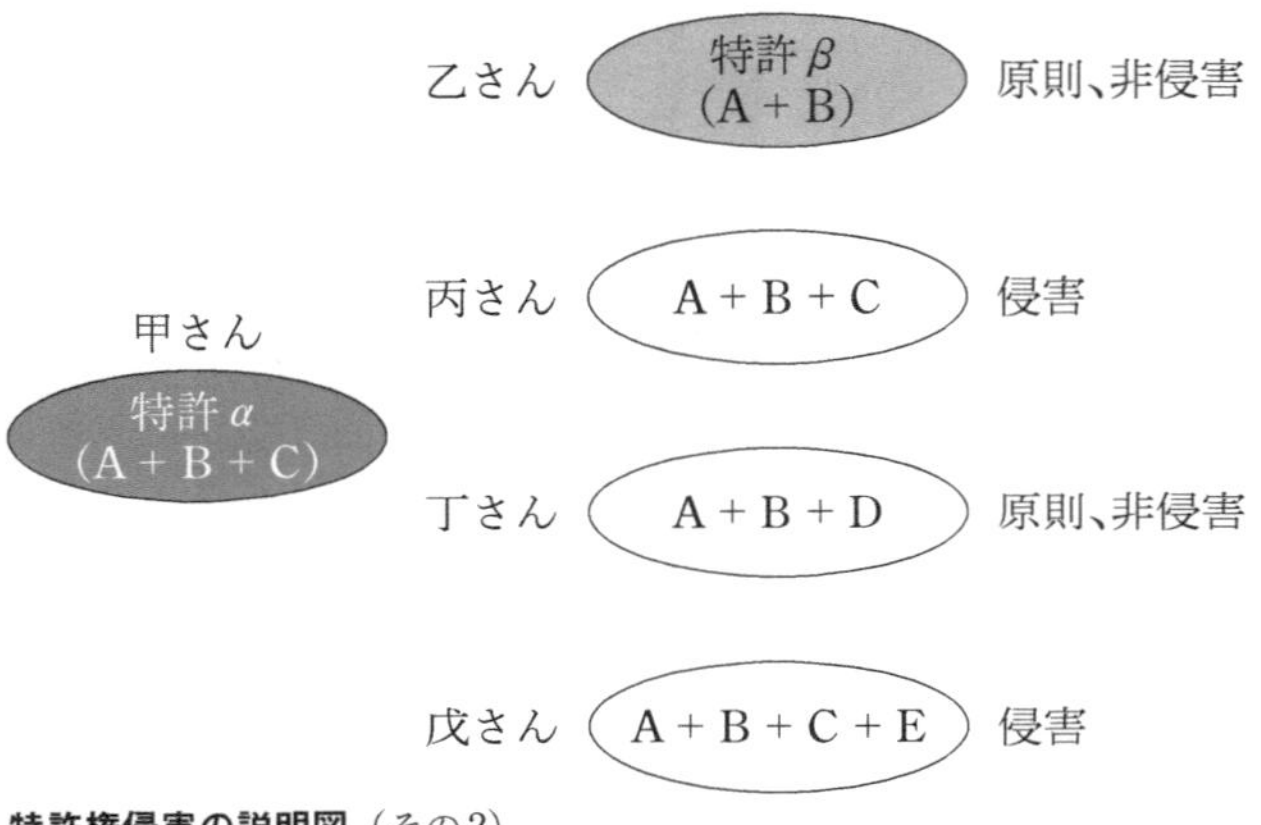

特許権侵害の説明図（その2）

特許権侵害に該当しないケース

ところで、形式的に特許権を侵害していても、実質的には特許権侵害に該当しないケースも存在する。そういった場合は、そもそも特許権者からライセンスを受ける必要すらない。以下、その主な3つのケースについて説明しよう。

1．「事業として」その特許を使っているのでなければ、該当しない。

特許権侵害となるのは、特許権者に断りもなく、何の根拠も正当な理由も持たない第三者が、「事業として」その特許を使う場合である。

つまり、「事業として」その特許を使うのでなければ、そもそも特許権の侵害には該当しない。個人的・家庭的に使うのであれば問題ないということだ。そのため、三雲氏の「顔のしわ矯正具」と同じクリップと紐を、家庭内で勝手に自作して自身でそれを試してみたところで、三雲氏の特許権を侵害することはない。

2. 特許権の効力が及ばない場合、その特許を使っても該当しない。

また、試験・研究のために特許を使う行為をはじめ、「特許権の効力が及ばない範囲」として規定されているものは[*21]、特許権の侵害とはならない。

3. 「先使用権」がある場合、その特許を使っても該当しない。

特許権者が特許出願をする際に、同じことを事業としてやっていたり、その準備をしたりしている場合は、その既成事実から「先使用権」が認められることがある。

＊21 その他、「単に日本国内を通過するに過ぎない船舶・航空機またはこれらに使用する機械等」「特許出願の時から日本国内にある物」「医師または歯科医師の処方せんによる調剤行為及び調剤する医薬」にも特許権の効力は及ばない。

なお、特許権者などから正規に購入した製品については、購入した時点で特許権が用い尽くされる(消尽する)と考えられているため、原則として、その製品を使用したり転売したりすることは自由である。

ノンアルコールビールの酔えない争い

次に、特許権侵害を巡って実際に裁判で争われた例について紹介しよう。

居酒屋のソフトドリンクのラインナップに、ノンアルコールビール(ビールテイスト飲料)が含まれていることは、当たり前のこととなりつつある。筆者はお酒に弱い体質なので、ちょっと体調が悪いときなどは、ノンアルコールビールを注文することが多い。

日本で初めてアルコール分「0・00%」を達成したノンアルコールビールは、2009年4月に登場した、麒麟麦酒(キリンビール)の「キリンフリー」である。それがヒットしたことで、競合他社も次々とノンアルコールビールを製造販売するようになった。

そんな中、サントリーホールディングス(以下、サントリー)とアサヒビール(以下、アサヒ)との間で、ノンアルコールビールを巡る特許紛争が勃発した。

2015年1月、サントリーは、「オールフリー」などに使っている自社の特許をアサヒの「ドライゼロ」が侵害しているとして、その製造販売の差し止めを求めて東京地裁に提訴したのである。

サントリーが持ち出した特許は、同社が２０１３年10月に取得した「pHを調整した低エキス分のビールテイスト飲料」（特許第５３８２７５４号）であった。

そのはじめの請求項は次のとおりである。

エキス分の総量が０・５重量％以上２・０重量％以下であるノンアルコールのビールテイスト飲料であって、pHが３・０以上４・５以下であり、糖質の含量が０・５g／１００mℓ以下である、前記飲料。[*22]

要するに、エキス分・pH・糖質量を、それぞれ「数値限定」した点が特許となっているのだ。この成分調整により、「飲み応え感が付与され、更に適度な酸味が付与される」のだという。

＊22　特許後にサントリーが「訂正審判」を請求し、「ビールテイスト飲料」だったものを、その下位概念である「ノンアルコールのビールテイスト飲料」に限定する訂正を行った。特許後であっても「特許請求の範囲の減縮」を目的とした訂正はできるようになっている。

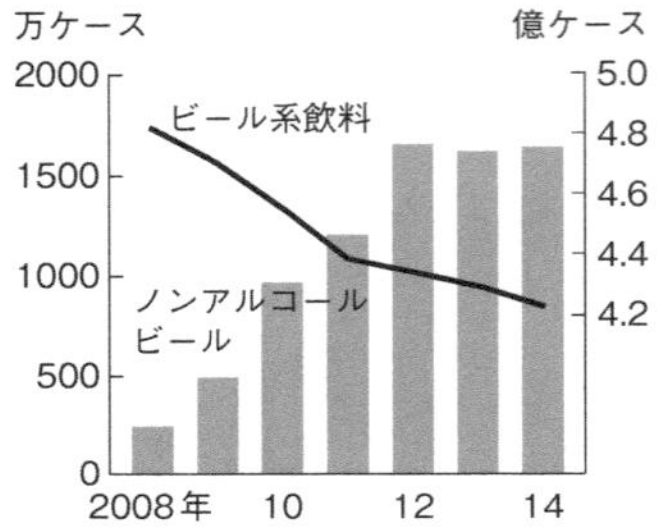

ノンアルコールビールの売り上げは頭打ちになった（「日本経済新聞」2015年3月11日『「ノンアルコールビール」巡る〝熱い〟戦い』をもとに作成）

この裁判においてアサヒは、自社の「ドライゼロ」が「特許発明の技術的範囲」に属するかどうかについては争わず、一貫して、この特許に「進歩性」がないなどの無効理由[23]があると主張した。

２０１５年10月、東京地裁は、サントリーの特許出願前から同社が製造販売していた「オールフリー」の従来品や、アサヒが製造販売していた「ダブルゼロ」から容易に考え出すことができるとして[24]、この特許には「進歩性」がなく、特許は無効にされるべきと判断した。

この判決を受けてサントリーが知財高裁に控訴する一方、アサヒは特許庁に「無効審判[25]」を請求した。

両社による全面対決の様相を呈していたところ、２０１６年7月、サントリーが訴訟を取り下げる代わりにアサヒも無効審判を取り下げるということで、突如、和解となった。和解内容は非公表とされているものの、一部報道によると、和解金の支払いなどはなかったようである。

この電撃和解の背景として、右のグラフに示すように、市場立ち上げ時に急速に伸びていたノンアルコールビールの売り上げが、2012年頃から頭打ちになったことが関係しているものと思われる。サントリーとアサヒも、訴訟で消耗し合うよりも、お互いに譲り合って市場拡大のために協力し合うほうが、双方にとってメリットが大きいと判断したようだ。

サントリーとアサヒはこれでよかったのかもしれないが、結局、この特許が無効とされるべきものだったのかどうか、知財高裁の判断はわからずじまいである。いったん裁判になったのだから、個人的には、特許が有効だったのか無効だったのか、きちんと白黒を付けてほしかった。

＊23　無効理由がある特許については、その権利を行使することはできない。実際の特許権侵害訴訟において特許が無効と判断されることは少なくなく、特許権侵害で訴えられた側がこの主張をするのは常套手段となっている。

＊24　具体的には、pHと糖質量がこの特許の範囲内でエキス分だけが少なかった「オールフリー」の従来品については、そのエキス分を増やすことが容易であること、また、エキス分とpHがこの特許の範囲内で糖質量だけが多かった「ダブルゼロ」については、その糖質量を減らすことが容易であることが指摘されている。

＊25　特許公報の発行日から6ヵ月以内であれば、「異議申立」を行うこともできる。

旭化成建材の「休眠特許」⁉

裁判にまで発展する特許がある一方で、せっかく取得されたのに使われることなく眠っている特許も存在する。それについて考えさせられた事例について紹介しておきたい。

２０１５年10月、横浜市都筑区で三井不動産レジデンシャルが分譲したマンションの一棟が傾き、調査の結果、マンションを支える杭のデータが偽装されていたことが明らかとなって、世間を騒がせた。

この杭打ち工事を担当したのが、旭化成の子会社である「旭化成建材」であった。

この一件で世間的なイメージは随分と悪くなってしまったが、同社は４００件近くの特許を保有し、支持層（強固な地盤）に向けて杭を打ち込むことに関連した技術だけでも、30件以上の特許を持っている。その点では、堅実な技術を持った会社といえるだろう。

その中でも筆者の目を引いたのが、同社の「ソイルセメント合成杭の造成方法及びソイルセメント合成杭」（特許第４５６６４００号）という特許であった。

通常、マンション建築前の地盤調査は施工対象の一部でしか行われないことから、支持層の深さが一定でない場合、場所によって杭の先端が支持層にまで届かないことがある。今回の騒動で問題となったのも、まさにその点であった。

この特許はそのような問題点を解決するものであり、次の図に示すように、「杭の先端が支持層にまで届いていない場合でも、杭の外側を覆うソイルセメント（セメント処理を行った材料）の柱を支持層に到達させるだけで、十分な強度が発揮でき、上部の建物の沈下を防ぐことができる」というものである。

問題となったマンションでも、この特許を使ってソイルセメントの柱を支持層に到達させていれば、マンションが傾くようなことはなかったのではないだろうか？

いや、もしかすると、この特許を使っていたにもかかわらず、不運にもマンションが傾いてしまったのかもしれない。

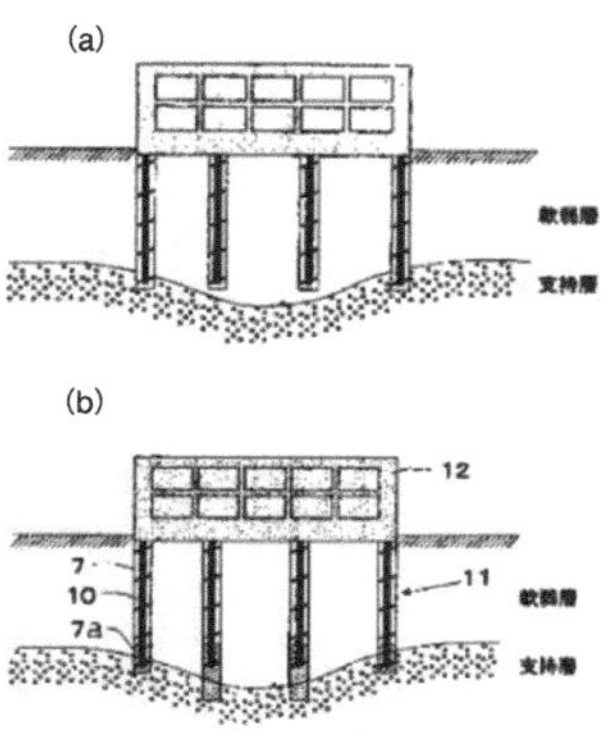

「ソイルセメント合成杭の造成方法及びソイルセメント合成杭」（特許第4566400号）

その点について確認すべく、旭化成建材に質問状を送付したところ、親会社である旭化成から「返答を辞退させていただきたく思います」という回答が来た。

そのため、真相をさぐるべく、何か手がかりがないか調べてみた。すると、「杭の先端を地盤と固定するため液状にして流し込むセメント量のデータ」にも不正があったことが明らかとなったという当時の報道が見つかった（「杭45本のセメント量も改ざん　旭化成子会社　横浜のマンション」２０１５年10月17日「日本経済新聞」電子版）。

これが本当ならば、支持層に届いている杭を固定するセメントの量までごまかしていたことになる。普通に考えれば、支持層に届いている杭ですら手抜きをしていたのなら、支持層に届いていない杭ならなおのこと、この特許を使ってわざわざ補強をしていたとは考えにくい。

せっかく優れた特許を持っていたのに、現場では使われていなかったようなのである。良い特許を持っていても、宝の持ち腐れでは意味がない。

このように、実際に使われていない特許というのは、じつはたくさんある。このような未使用特許は「休眠特許」と呼ばれており、２０１３年に特許庁が調べたところでは、日本国内に現存する約１３５万件の特許のうち、約半数が使われていないという。

そのため、最近は、「休眠特許」を他人に使ってもらうことで、その有効活用を図ろうという動きも活発となっている。

早すぎた「自撮り棒」の特許

このような「休眠特許」が生まれてしまうのは、「いずれ自社で使うかもしれない」とか、「いずれ他社にライセンスできるかもしれない」といった理由で特許を取得したものの、その当てが外れてしまうところにある。将来を予測しながら有効な特許を取得することは容易ではないということだ。

それに関連して参考となるふたつの事例を見てみよう。

まず、今や観光旅行における必需品となった感のある「自撮り棒」。英語では「セルフィー・スティック」（Selfie Stick）と呼ばれる。

当初は中国人観光客ばかりがやたらと使っている印象が強かったが、あっという間に世界中に広がった。「自撮り棒」の特許を取った人は、さぞや儲かっているのだろうと考えている方もいるかもしれない。だが、じつは、全然そんなことはなかった。

というのも、「自撮り棒」が発明されたのが、あまりにも早すぎたためである。

現在の「自撮り棒」の基本概念となる発明は、１９８３（昭和58）年に出願された「カメラ支持装置」に記載されている。

当時のミノルタカメラ（現・コニカミノルタ）によって日本では「実用新案」として出願され[*26]（実開昭５９－１１２２４１）、それをもとに米国で特許が取得された[*27]（米国特許4,530,580）。

＊26　日本では審査請求がされなかったため、登録に至っていない。

ミノルタカメラはコンパクトカメラの付属品として自撮り棒を売り出したというが、当時はほとんど普及しなかったという。当時はコンパクトカメラといえど、今の機種と比べると、ずっと大きくて重かった。また、液晶ディスプレイの普及前だったため、自撮り棒を使用する際、カメラの中央部分に取り付けた凸面鏡を使って自分の姿を確認する必要があった。こういった使い勝手の悪さから人気が出なかったものと考えられる。

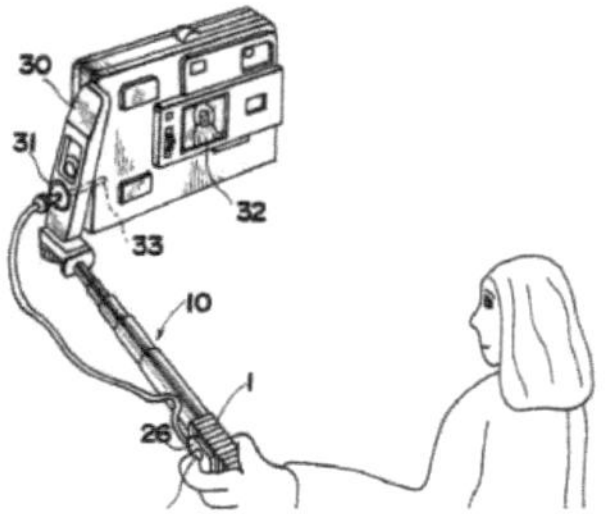

「Telescopic extender for supporting compact camera」（米国特許4, 530, 580）

そのため、同社において「無意味な特許」と判断されたのか、特許料の納付が途中で打ち切られて、この特許は1993年に権利が消滅している。もっとも、仮に出願日から20年存続していたとしても存続期間は2004年までとなる。[*28] その頃はまだ、スマートフォンはおろか、デジタルカメラもそれほど普及してはいなかった。時代の先端を行きすぎた、まさに早すぎた発明であったといえるだろう。

取り損ねた「3Dプリンター」の特許

次に、1980（昭和55）年に出願された「立体図形作成装置」（特開昭56-14447

8）を取り上げることにする。

これは、ものづくりの環境を一変させたと言われる「立体印刷機」、いわゆる「3Dプリンター」の基本コンセプトに関するものである。

発明者は、当時、名古屋市工業研究所の技術者であった小玉秀男氏。

3次元CAD[*29]や、印刷機械の展示会で見かけた版下作製装置などから、3Dプリンターのことを思いついた小玉氏は、自ら特許出願をした後、それを実際に試してみようと実験を重ねた。

だが、当時、この発明の真価を理解できた人は、小玉氏の周囲にはいなかったという。

2016年7月の「日経ビジネスオンライン」のインタビュー記事において、小玉氏本

＊27　日本での出願日から1年以内であれば、「パリ条約による優先権」を主張してその同盟国（2021年4月現在で177ヵ国）に出願することができる。優先権を主張すると、その同盟国における出願についても、日本の出願時を基準に新規性や進歩性が判断されるというメリットがある。

＊28　米国では日本出願の翌年の1984年に出願されたため、その存続期間は2004年に満了することになる。

＊29　工業製品などを設計する際のコンピュータ支援ツールであるCAD（キャド、Computer-Aided Design）の一種で、造形物を立体的に表示・編集できるようにしたもの。

人が当時の状況を次のように回想している。

……当時作れたのは丸太小屋みたいなレベルの家の模型でした。サブミクロンレベルの加工精度を競っている人たちに向かって、「こんなものが作れます」と言っても、当然ながらまったく相手にされませんでした（笑）。

技術者に評価されず、研究所の中でも、「何を遊んでいるんだ」というような雰囲気になって。自分は正しくて世間が悪いんだなんて考えられなかったので、「自分のセンスがおかしいのかな？」と追い込まれていきました。

（杉原淳一「3Dプリンターで特許を逃した僕の『失策と教訓』　発明者・小玉秀男氏が次世代に贈る言葉」「日経ビジネスオンライン」２０１６年7月6日）

結局、自らの研究能力に自信を無くした小玉氏は、失意のうちに研究所を退所。弁理士に転職してしまうのである。小玉氏は弁理士になってから、自分自身の発明に関する関心を失い、先ほどの3Dプリンターの特許出願のことも忘れてしまっていたという。

だが、あろうことか、小玉氏は、偶然、自分の特許出願と再度巡り合うことになる。

……そんなある日、日本の商社が事務所に来ました。3Dプリンターの特許を出願している会社と契約を検討しているので、従来技術の調査をやってくれと、あろうことか僕のところへ依頼があったわけです（笑）。すぐに自分の出願状況を調べましたが、何か月か前に審査請求の期限が来ていました。なんでもうちょっと早く来てくれなかったのか（笑）。（同前）

本章の冒頭でも説明したように、審査請求期間が過ぎてしまうと、その特許出願は取り下げたものとみなされてしまう（当時の審査請求期間は出願日から7年以内だった）。

このようにして、小玉氏は3Dプリンターの基本コンセプトに関する特許を取り損なってしまったのである。この商社が小玉氏のところに相談に来るのがもう少し早ければ、これが特許として成立していた可能性も高い。

また、小玉氏は日本に出願しただけで、外国には出願しなかった。3Dプリンターのメインプレイヤーが米国企業となったことを考えると、米国で特許を取得しておけば、その後、本格的に始まる世界的な3Dプリンターの技術競争の行く末が大きく変わった可能性もある。

将来の技術の発展や市場の成長を予測しながら発明の真価を見出していくことが、いかに難しいかについて考えさせてくれる事例である。

意匠権――体重計のデザインをめぐって

本章の最後に、「意匠権」の取得例を取り上げることにしよう。

まず、意匠権取得の流れについて説明する。

意匠の創作をした創作者本人、または創作者から登録を受ける権利を引き継いだ者が特許庁に出願後、審査官が登録に必要な要件を満たしていると判断すれば、登録査定がなされることになる[*30]（基本的には特許と同じである）。

出願人が「意匠権者」（意匠権を有する者）になると、登録意匠と同一または類似の意匠を事業として独占的に使うことができ[*31]、また、自分の意匠権を侵害する他人に対してその行為の差し止めや損害賠償の請求をすることができるようになる。

それでは、具体的にはどのような場合に意匠権侵害となるのだろうか？

オムロンヘルスケアとタニタとの間で起こった意匠権侵害をめぐる裁判を取り上げながら説明することにしよう。

２０１１年９月、オムロンヘルスケアは体脂肪計付き体重計の新製品として、「カラダスキャンＨＢＦ－２１２」（長方形タイプ）と「カラダスキャンＨＢＦ－２１４」（正方形タイプ）の発売を開始した。そして同月、正方形タイプを「本意匠」（意匠登録第１４２５６５２号）、また長方形タイプを、「本意匠」に類似するバリエーションの意匠である「関連意匠」（意匠登録第１４２５９４５号）とする意匠権を取得した。

これに対して、２０１２年10月、ライバルのタニタは体脂肪計付き体重計「フィットスキャンＦＳ－１００」の発売を開始した。表面全体がガラスとなっている点をはじめ、足をのせる電極部、液晶表示部、スイッチの配置などが似通っていたため、翌月、オムロンヘルスケアはタニタ製品が自社の意匠権を侵害しているとして、その製造販売の差し止めと損害賠償の支払いを求めて東京地裁に提訴した。

意匠権を侵害しているかどうかを判断するにあたっては、「物品」と「デザイン」の双方に着目する。このケースでは、物品は同じ「体脂肪計付き体重計」であるため、タニタの製造販売する体重計のデザインが、オムロンヘルスケアの登録意匠（本意匠及び関連意匠

＊30　新規性や創作非容易性（進歩性のようなもの）があるか、他人よりも早く出願しているか、公序良俗違反ではないか、出所混同を生ずるおそれがないか、物品の機能確保に不可欠な形状のみでないか、などが審査される。審査請求は必要とされていない。また、登録査定後に出願人が登録料を納付することで、その意匠は登録されて「意匠権」が発生する。

＊31　類似範囲においても自分で独占的に使うことができる点が、商標権とは異なる。

匠）と同一または類似であるかどうかがポイントとなった。[32]

２０１５年２月、東京地裁による判決が言い渡された。それは、タニタ製品が関連意匠に類似するため、オムロンヘルスケアの意匠権を侵害するというものであった。

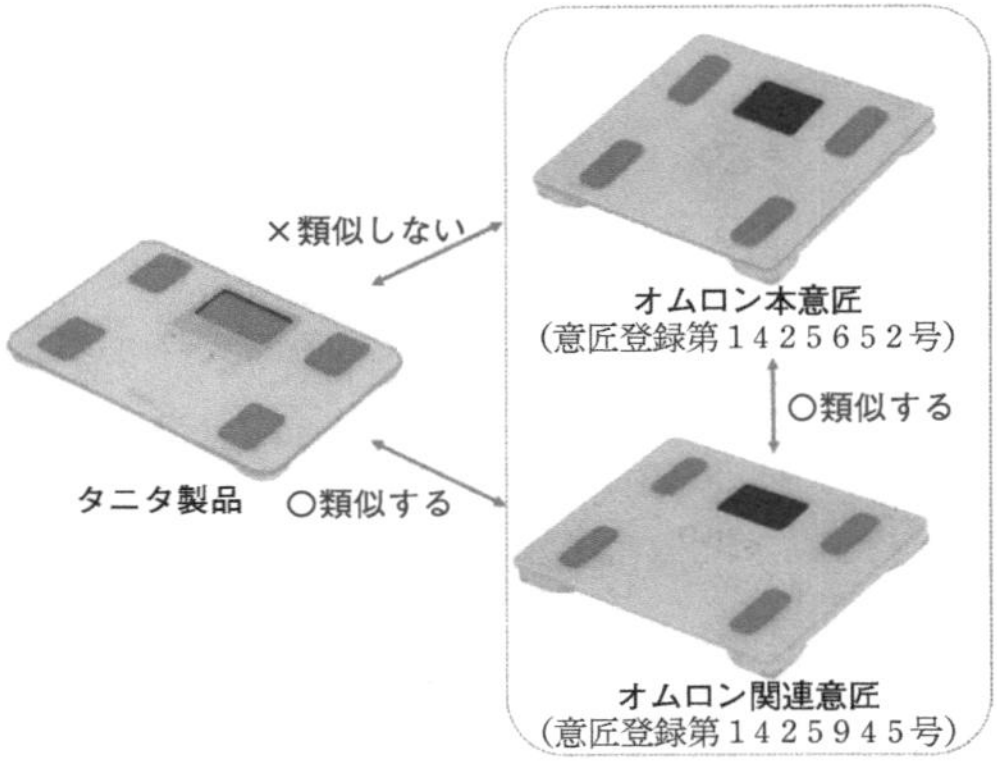

上の図に示すように、タニタ製品と本意匠とでは、透明ガラス板の縦横比が大きく異なるが、タニタ製品と関連意匠とでは、その縦横比はほぼ同じである。そのため、東京地裁は、タニタ製品と本意匠は「看者に対し異なる美感を与える」が、タニタ製品と関連意匠は「看者に対して共通の美感を与える」として、双方が類似すると判断したのである[33]（ここでいう「看者」とは「意匠を見る者」のことであり、決して「患者」の誤字ではない）。

このように、意匠の類似の判断基準は、今まで出てきた著作物や商標の場合とは、これ

×類似しない

オムロン本意匠
（意匠登録第１４２５６５２号）

○類似する

タニタ製品　○類似する

オムロン関連意匠
（意匠登録第１４２５９４５号）

タニタの体脂肪計付き体重計とオムロンヘルスケアの登録意匠（各画像は裁判所ウェブサイトより）

また異なっているので注意が必要だ。

また、意匠が類似すると判断される範囲は一般的にそれほど広くはない。実際に、似たようなデザインが少ない分野では広くなる一方で、似たようなデザインがひしめき合う分野ではかなり狭くなる。特に、デザインの「模倣」が明らかな場合であっても、「美感」が変わってしまったり、物品が全然違うものになってしまったりした場合は、意匠権侵害とは判断されない。意匠権を取得する際にはその点に留意しておく必要があるだろう。

なお、東京地裁はタニタに対して約1億2900万円という、高額の損害賠償金の支払いを命じた。ここまで高額となったのは、この2社だけで市場を二分していることが影響したものと考えられる。

その後、タニタが控訴するものの、2016年1月、知財高裁において和解が成立した。和解内容は明らかとなっていないが、対象となったタニタ製品がすでに販売を終了し

＊32　形式的に他人の意匠権を侵害している場合であっても、事業として使っていない場合、先使用権を有する場合などは、そのまま同じ意匠を使い続けても問題はない。

＊33　タニタ製品とオムロンヘルスケアの登録意匠（本意匠及び関連意匠）とでは、その裏面のデザインにかなり差異があったが、体重計は通常の使用状態ではわざわざ裏面を見たりしないので、裏面の差異については考慮されなかった。

ていたことなどから、お互いに長々と裁判をするのは得策ではないと判断したのだろう。

第3章から得られる教訓

本章では、特許権を中心に説明を行い、実用新案権と意匠権にも軽く触れた。前章までは、主に一見して似通ったものを比較対照した解説が中心であったが、本章では、ひとつの発明などにフォーカスしていく手法を用いた。

前章までと異なる手法を用いたのは、特に、特許の場合、「特許請求の範囲」に記載された文章によって発明の技術的範囲が定まるため、進歩性がある発明であるかどうかや、特許権侵害であるかどうかなど、「見てすぐわかる」というものでもないからである。さらに、裁判や審判において特許が無効と判断される可能性も比較的高く、単なる比較対照で論じることが難しい事例が多いということもある。

ところで、序章でも述べたように、特許法は、発明の保護と利用を図り、技術を累積的に進歩させて産業を発達させることを目的としている。「技術を累積的に進歩させて」とあることからわかるように、そもそも「模倣」の積み重ねによって技術が進歩していくのが前提となっている。

そのため、他人の考え出した技術を模倣・改良したものであっても、それが新規性や進歩性などの要件を満たしていれば、特許を取ることはできる。本章において、「A＋B＋C」からなる機械について特許αを持つ甲さんと、「A＋B」からなる機械について特許βを持つ乙さんの話をした。ここで、「A＋B」を使わずに同様の機能・性能を持つ機械を作ることができないのだとすると、特許βは回避することが難しい「基本特許」ということになる。また、特許βを知った甲さんがそれを改良し、新たに構成要素Cを付け加えた発明をして特許αを取ったのだとすると、特許αは特許βの「応用特許」ということになる。

このことからもわかるように、互いに関連し合う特許の数が増えると、関係者間の権利関係も複雑になっていく。だから、なるべく自分だけで事業を独占したいようなときは、「基本特許」を押さえたうえで、改良発明に基づいた「応用特許」を取得し、さらには、「基本特許」と「応用特許」の周辺領域を「周辺特許群」で固めていくことで、強力な特許網（特許ポートフォリオ）を作ることが好ましいということになる。

◎出願や審査請求については、自分や他人がその発明を使っているか、または将来使う可能性があるかを慎重に考慮したうえでその方向性を決める。
◎特許出願するか、ノウハウとして秘匿するか、それぞれのメリット・デメリットを十分に検討する。
◎事業展開やライセンス交渉を有利に進めることができるよう、戦略的に特許権を押さえていく。
◎他人の特許権を侵害していると指摘されたときは、先使用権や相手の特許の無効理由についても検討する。

第4章　その権利は永遠なのか？
——知財の複合化と「知財もどき」

ペコちゃんはパクリだった⁉

わが国においては、戦後の高度経済成長が始まる頃までは、知的財産権に対する意識もそれほど高くはなく、もちろん、今でいうところのキャラクタービジネスも確立されていなかった。そのような時代背景もあり、当時誕生したキャラクターで、その元ネタが海外にあったのではないかと指摘されているものがある。

そのひとつが、不二家の「ペコちゃん」だ。

20世紀半ばに米国ゼネラルフーズ社の「バーズアイ」というブランドのオレンジジュースの広告に登場していた女の子「メリーちゃん」が、ペコちゃんの元ネタではないか、と指摘されているのだ。

インターネットでも複数のサイトで紹介されているが、これを初めて取り上げたのは、『東京おとなクラブ』第3号（1983年8月30日発行）である。同誌は、『月刊アスキー』の元編集長・遠藤諭（さとし）氏が主宰し、コラムニスト・中森明夫氏が発行人を務めていたサブカルチャー系の同人誌だ。

そのときの衝撃について中森氏は次のように述べている。

ある日、遠藤さんが興奮した面持ちで現れ「これ、見てよ！」と声を上げる。手にしていたのは古い洋雑誌、その広告ページを指さしていた。「ペコちゃんじゃないか!?」思わずそう叫んだものだ。

（「アタシジャーナル」第13回『週刊朝日』２００７年2月16日号）

その古い洋雑誌とは、当時米国で発行されていたグラフ雑誌『ＬＩＦＥ』（１９４9年11月21日号）。その広告ページに登場した「メリーちゃん」を左に示す。

たしかに、顔の形や舌を出している仕草などがペコちゃんによく似ている。

不二家の発行している『Fujiya book：創業80周年記念誌』（１９９０年）を覗いてみると、「ペコちゃんは昭和25年生まれ　永遠の6歳」という記事の中に、次のような記載がある。

ペコちゃんが生まれたのは「ミルキー」発売の少し前。アメリカの雑誌広告に出ていた女の子を、漫画的に誇張して図案化されました。女の子がいれ

『LIFE』1949年11月21日号に掲載された、バーズアイのオレンジジュースの広告

ば男の子ということで、ポコちゃんも誕生。不二家が戦前から温めていた名前、ペコとポコが二人の名前に選ばれました。

同書によると、ペコは子牛の愛称として各地で使われていた「べこ」を、ポコは室町時代の古語や東北地方の方言で子供を意味する「ぼこ」を、西洋風にアレンジしたものという。この「アメリカの雑誌広告に出ていた女の子」がメリーちゃんなのだろうか？
不二家の広報室に問い合わせたところ、次の回答が得られた。

不二家の社内では「ペコちゃん」は外国雑誌の挿絵からヒントを得て、それを単純化し、漫画的に誇張して生まれたと伝えられていましたが、当時の資料は残っておらず、その詳細についてはわかっておりません。

なるほど。あまりにも昔のことであるため、よくわからないようだ。しかし、ペコちゃんが誕生したのが昭和25年、つまり１９５０年であるという時期的なことを考えると、当時の不二家の社員が、１９４９年発刊の『ＬＩＦＥ』に掲載されていたメリーちゃんの広告を目にしてそれを参考にした可能性は高い。

また、不二家の見解では、オリジナルの女の子を「漫画的に誇張した」ものがペコちゃんであるという認識でいるようだが、『Fujiya book：創業80周年記念誌』を見る限り、初期のペコちゃんは、その人相、髪型、服装などがメリーちゃんに酷似している。

直接的証拠がないため断定的な言い方はできないが、当初はほとんどパクリだったものが徐々に変化して現在のペコちゃんになったというのが正しい見方のような気がする。

ところで、ペコちゃんの容姿は、現在のものに落ち着くまで、めまぐるしく変わっている。不二家の所有するペコちゃんの登録商標からも、その変遷の一部を確認することができる。現在のペコちゃん・ポコちゃんとほぼ同じものが出願・登録されるようになったのは、1980年代以降である。また、もともと店頭人形として始まったものであることから、1997年に立体商標制度が導入されると、直ちに出願され、ペコちゃん・ポコちゃんは立体商標の仲間入りも果たした。

パイパイビスケット缶に残る初期のペコちゃん

現在のペコちゃん

初期のペコちゃんと現在のペコちゃん（『Fujiya book：創業80周年記念誌』より）

なお、仮にペコちゃんの元ネタがメリーちゃんであったとしても、第1章で述べたように、現在

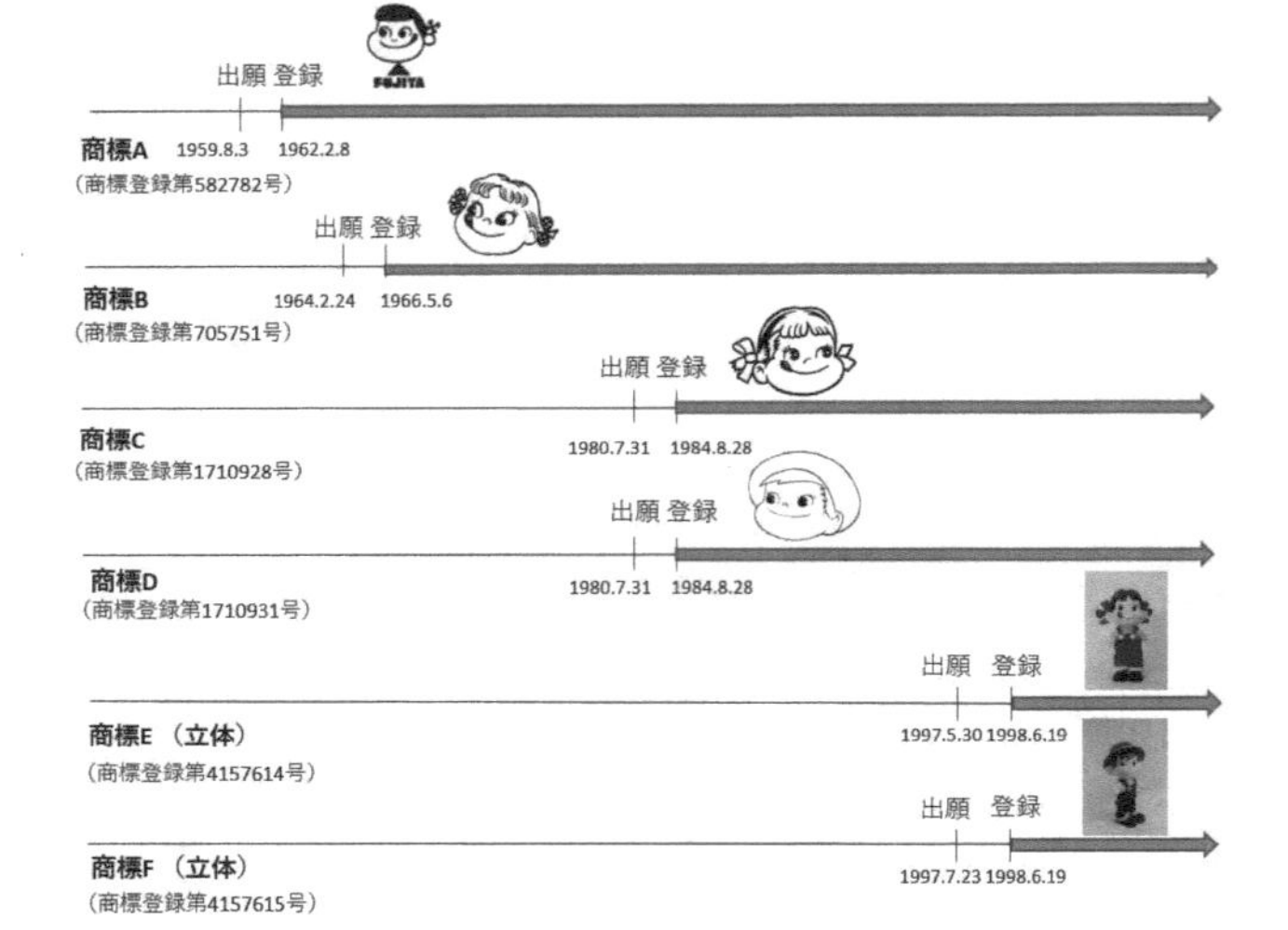

のペコちゃんとメリーちゃんとの間に著作物としての「類似性」が認められなければ、著作権侵害となることはない。また、第2章で触れたように、元ネタがあることだけを理由に、商標の出願が「公序良俗違反」になることもない。

さらに言えば、メリーちゃんは当時のゼネラルフーズ社の会社名義の著作物であり、その公表時から保護期間の計算がはじまっているため、日本国内においては、その保護期間はすでに満了している。その点においても、今となっては少なくとも日本国内においては、ペコちゃんがメリーちゃんの著作権の影響を受けることはない。*1

キューピーもパクリ⁉

このほか、そのルーツが米国にあったキャラクターとして、キューピー（Kewpie）が挙げられる。

キューピーは、米国のイラストレーターであるローズ・オニール女史（1944年に死去）が「キューピッド」から発想を得て創作したキャラクターであることが広く知られている。キューピーという名前もオニール女史自身が名付けたものだ。1909年に、『レディース・ホーム・ジャーナル』誌上でイラストとして発表され、1912年にはドイツのおもちゃ会社がはじめて人形を作り、20世紀前半に世界中で大人気となった。

キューピーのイラストを商標として使用している会社として有名なのが、「キユーピーマヨネーズ」で知られるキユーピー株式会社（以下、キユーピー社）である。

同社のホームページによると、同社の創始者である中島董一郎（なかしまとういちろう）氏が1925年に日本で初めてマヨネーズを発売する際に、「マヨネーズがキューピー人形のように、誰からも愛される商品に育ってほしい」という願いを込めて、「キユーピーマヨネーズ」と名付けた

＊1　商標法には、その出願前に発生していた他人の著作権と抵触するときは、その登録商標の使用が制限されるという規定がある。

牛乳石鹸の「キューピーベビーシリーズ」（牛乳石鹸のホームページより）**と、旧日本興業銀行の「キューピー貯金箱」**（筆者撮影）

という。当時の時代背景を考えれば、「巷で流行っているので、それにあやかって自分たちも使ってみよう」といった軽いノリだったのだろう。

ところで、同社のホームページでは、キューピーの創作者であるローズ・オニール女史のことにまったく触れられていない。同女史との関係についてはどう認識しているのだろうか？　キユーピー社としての見解を尋ねたところ、次のような回答が得られた。

キューピーの創作者であるローズ・オニール女史の存在は、１９７０年代になって初めて日本でも知られるようになったといわれています。弊社がキユーピー人形を採用した１９２５年当時の日本では、ローズ・オニール女史の存在は知られておらず、キューピーはパブリックなものとして存在していました。

たしかに、キューピー社以外にも、牛乳石鹸が「キューピーベビーシリーズ」というブランドでボディソープなどを発売しているし、かつては、旧日本興業銀行（現・みずほ銀行）もキューピーのイラストを商標として使用し、ノベルティとしてキューピー貯金箱などを配っていた。かつては、キューピーがパブリックなものとして存在していたという同社の説明にも納得がいく。

商標は有名にした者勝ち

だが、1998年6月になって突然、衝撃が走った。

日本キューピークラブの代表者を務めるキューピー愛好家の男性が、ローズ・オニール氏の遺産を管理する米国の財団「ローズ・オニール財団」から日本国内における著作権を譲り受けたと主張し、その著作権を侵害されたとしてキューピー社に対して商標の使用差し止めと、10億円の損害賠償を求める訴えを起こしたのである。

結局、この裁判では、著作物としての類似性が否定されたのに加えて、この男性が著作権の譲渡を受ける前から、著作権侵害に該当する行為をしながら利益を得てきたことが問題視され、差し止めや損害賠償の請求が「権利の濫用」*2にあたるとして、その訴えは棄却された。*3

日本キューピークラブの代表者が出願したキューピーの商標(商願2004−111370)

だが、その後も男性は、日本国内においてキューピーのキャラクターに関するライセンス活動を継続。それに合わせて、2004年11月、「清涼飲料、果実飲料」などを指定商品として、ローズ・オニール女史の原画をベースとした、上のような絵柄の商標を出願したのである(商願2004−111370)。

2006年4月に無事登録されるものの、ここで黙っていなかったのが、キユーピー社であった。同社は、この商標が自社の保有する複数の登録商標に類似し、また、出所混同を生ずるおそれがあるとして無効審判を請求したのである。

同社が持ち出した登録商標は、250頁に示す絵柄の商標のほか、「キユーピー」の文字商標などであった。

2008年3月、審判官は、「見た目(外観)」において「顕著な差異を有する」ため両者は類似せず、また、出所混同を生ずるおそれもないという理由により、登録を維持する審決を出した。そのため、これを不服としたキユーピー社は、この審決を取り消すよう、知財高裁に訴え出たのである。

同年12月、知財高裁は、いずれの商標からも「キューピー」の「読み方(称呼)」と「意味合い（観念）」が生ずることは明らかで、指定商品も重なっているため両者は類似すると判断し、特許庁の審決を取り消した。

その際に、知財高裁は、「ローズ・オニールのキューピーについての著作権は既にその保護期間を経過している」ことを認めたうえで、[*4]キユーピー社の登録商標については、「マヨネーズの宣伝広告に数十年の長期にわたり継続的に使用してきたことにより、我が国において『キューピーマヨネーズ』が極めて著名となったこと」で、食品などについて「格別の自他識別力を獲得するに至っていると認められる」とも述べている。

要するに、商標は有名にしたもの勝ちということだ。

結局、特許庁で審理をやり直した結果、オリジナルの絵柄であるにもかかわらず、ローズ・オニール女史の原画をベースとした商標は登録無効となった。

1925年当時、キユーピー社がキューピーを自社のキャラクターとして採用したときに何らの悪意もなかったことに疑いの余地はないが、食品分野には限定されるものの、結果的には他人の創作したキャラクターを乗っ取り、商標権として半永久的な権利にしてし

＊2　社会通念上妥当とされる範囲を超えているため、正当な権利行使として認められない状態をいう。
＊3　当時の日本興業銀行も訴えられたが、同様の理由により請求は棄却されている。
＊4　「戦時加算」を考慮しても、2005年5月には満了している。「戦時加算」については後述する。

キユーピー社の登録商標の一部。左から、商標登録第4408075号、商標登録第495186号、商標登録第4600642号

まったという見方をすることもできなくはない。

ただし、食品分野以外となると、ちょっと話は違ってくる。

先ほどの裁判から11年ほどさかのぼった1997年1月、指定役務「貨物自動車による輸送」について、次頁に示すキューピー引越センターの図形商標（商標登録第3248687号）と「キューピー引越センター」からなる文字商標（商標登録第3370852号）が登録された。

当然のことながら、キユーピー社が黙ってはいなかった。同社が無効審判を請求したところ、「出所混同を生ずるおそれがある」として、これらの登録を無効とする無効審決が出されたのである。だが、それを不服とした引越センター側が東京高裁に訴え出たところ、「社会通念上著しく異なる業務に属する」などの理由から「出所混同を生ずるおそれがあるとはいえない」として、東京高裁はその審決を取り消した。

じつは、キユーピー社側は、一般消費者を対象にした調査結果を裁判所に提出していたのだが、それが裏目に出てしまった面もある。たとえば、次に示した図形商標に関して、東京高裁はこう述べている。

……「本件商標を使用する「キューピー引越センター」に、引越を依頼したいと思うか。」との質問（Q4）に対し、「頼みたい」という答えはわずか1・0％にすぎず、「頼んでもよい」という答えも21・7％とあまり多くなく、「あまり頼みたくない」あるいは「頼みたくない」との答えが合計77・3％もあったとの結果が記載されており、これは、「貨物自動車による輸送」の一分野である引越運送業務において、「キューピー人形」の特徴を備えた本件商標や「キューピー」の語を含む商標の持つ顧客吸引力がそれほど高いものではないことを示している。

キューピー引越センターの商標（商標登録第3248687号）

つまり、引越センター側がこの商標を使用しても、「出所混同を生ずるおそれがあるとはいえない」と判断される材料となってしまったのだ。

こうして、両腕を広げて手荷物を持ち、トラックのタイヤの上を歩くキューピーは、今も生き続けている。

ピーターラビットの保護期間は終わっている⁉

外国発のキャラクターがそのまま定着してしまうという、先ほどのキューピーのような事例は、現在では極めて稀である。キャラクターの創作段階からそれを権利として保護する戦略を取ることが一般的となっているからだ。特に、キャラクターを活用した商品については、海賊品や模倣品が広く流通しないよう、権利者が常に目を光らせている。

権利者が強気の姿勢を貫いているキャラクターのひとつに「ピーターラビット」がある。いったいどう強気なのか、少し説明することにしよう。

２０１６年９月、筆者は、東京都渋谷区にある東急百貨店本店横の「Bunkamura ザ・ミュージアム」を訪れた。８月から10月にかけて開催されていた「ピーターラビット展」の招待券を持っていたからである。同展覧会は、英国の絵本作家であり、ピーターラビットの生みの親であるビアトリクス・ポターの生誕１５０周年を記念して開催されたものだ。ポターの描いた原画やスケッチなど２００点以上の作品・資料が展示されており、非常に見応えのあるものだった。また、来訪者はあらゆる年齢層に及んでおり、ピーターラビットの幅広い人気を改めて思い知らされた。

ピーターラビットは、ポターが描いた絵本のキャラクターで、公式にデビューしたのは、1902年10月に商業出版された『The Tale of Peter Rabbit』（邦題『ピーターラビットのおはなし』）においてである。ウサギを擬人化しただけではなく、その愛らしい仕草や表情から世界中で人気を博し、同展覧会のウェブサイトによると、35ヵ国語に翻訳され、世界110ヵ国での累計発行部数は2億5000万部であるという。

ところで、ポターの描いた絵本の絵柄について、日本国内での著作権の保護期間がすでに満了していることは、あまり知られていない。ポターが亡くなったのが太平洋戦争中の1943年であり、それからすでに70年以上経っているのだから、冷静に考えてみれば、何も不思議なことではない。

序章で説明したように、著作権の保護期間は、日本国内では原則、著作者の死後50年であった。これはポターのような英国人の場合であっても、基本的には変わることはない。[*5]

とは言いつつも、第二次世界大戦のときの旧連合国側である英国人の著作物については、じつは、最長10年5ヵ月ほどの「戦時加算」が適用され、その分、保護期間が長くなっている。この「戦時加算」というのは、太平洋戦争の前後、旧連合国側の著作物が日本国内で十分保護されていなかったとの理由から設けられたものだ（日本が敗戦国である傷跡が、こんなところにも残っていたのである）。

だが、「戦時加算」を考慮した場合でも、日本国内におけるポターの著作権の保護期間は、２００４年５月に満了している。

そのため、ポターの描いた絵本の絵柄は、著作権の観点からは、いわゆる「パブリックドメイン」となっている。だから、現在では、その絵本を出版することも、その絵柄を使うことも、基本的には自由なはずだ。

©マークの真実

ところが、「ピーターラビット日本公式サイト」を見ると、その一番下に次のような極めて複雑な権利表示がなされている（それも、公式サイトだけではなく、「ピーターラビット展」の招待券の半券の下側にも、同展覧会のショップでお土産として購入したクリアファイルの下側にも、同様の権利表示がなされていた）。

BEATRIX POTTER™ © Frederick Warne & Co., 2016. Frederick Warne & Co. is the owner of all rights, copyrights and trademarks in the Beatrix Potter character names and illustrations. Licensed by Sony Creative Products Inc.

異様に長いのはその一部が文章となっているからだ。「Frederick Warne & Co.[*6]（フレデリック・ウォーン・アンド・カンパニー・リミテッド）がビアトリクス・ポターのキャラクターの名称とイラストにおけるすべての著作権と商標権の所有者である」と書かれていて、さらにTMとか©といった記号が付けられた箇所もある。TMというのはトレードマーク（商標）の略で[*7]、©マークはコピーライト（著作権）を意味する。

ここで、「著作権の保護期間が満了しているのに©マークを付けるのはマズいのではないか」と思われる方もいるのではないかと思う。実際に、過去にピーターラビットのライ

＊5　英国における著作権の保護期間は、1966年以降、原則、著作者の死後70年となっている。だが、世界の主要国のほとんど（2016年11月現在で169ヵ国）が加盟している「ベルヌ条約」という著作権に関する国際条約では、「短い方の保護期間」を適用する相互主義を採用しているため、日本における著作権の保護期間の延長前は日本人の著作物が英国内で著作者の死後50年までしか保護されなかった代わりに、日本国内でも英国人の著作物は著作者の死後50年までしか保護されなかった。

＊6　米国に本社を置く世界最大の出版社である「ペンギン・ランダムハウス（Penguin Random House）」の傘下にある。

＊7　TMはその商標が登録されているか否かに関係なく表示できるが、Registered Trademark（登録商標）を意味する®マークは、登録商標にしか表示できない。なお、サービスに用いる商標については、サービスマークの略であるSMを用いることもある。

センシー[*8]であったアパレルメーカーのファミリアが、著作権が消滅しているのにⒸマークを付けたりする行為が「不正競争行為」[*9]にあたると裁判で主張したことがあった。だが、大阪地裁と大阪高裁は「不正競争行為」とまではいえないと判断している。なぜなら、Ⓒマークは、著作権法で決められたものではないからだ。

今でもよく見かけるⒸマークは、かつて著作権発生のために登録などの手続きが必要な「方式主義」を導入していた米国などで、日本や欧州諸国など、手続きが不要な「無方式主義」の国の著作物が保護を受けるために必要だったものである。[*10]だが、1989年に米国が「無方式主義」に移行してからは、著作権者の名前や作品の発行年を主張・警告する機能はあるものの、法的にはほとんど意味のないものとなっている。

結局のところ、Ⓒマークの有無は実際に著作権があるかどうかとは無関係であり、ポターの描いた絵本の絵柄が日本国内において「パブリックドメイン」となっていることに変わりはない。ただし、注意すべき点がふたつほどある。

ひとつ目は、著作権に関することである。ポター本人以外によって創作された「二次的著作物」は、まだその著作権が存続している可能性がある。また、キャラクターの絵柄を集めた画集などで、素材の集め方やその配列の仕方に創作性が認められるものは「編集著作物」となる。そのため、これらの著作権の存在については意識しておく必要がある。

ふたつ目は、著作権以外の権利に関することである。じつは、「フレデリック・ウォーン・アンド・カンパニー・リミテッド」は、ポターの描いた絵本の絵柄のみからなる登録商標を80件以上も保有している。

次頁の図に示すように、これら絵柄の商標は、2001年以降に段階的に出願され、ポターの著作権消滅が近づくにつれて加速度的に数が増えている。特に、著作権が消滅する2004年5月には、56件という大量の出願が行われている。

じつは、生前のポターは、絵本のキャラクターの人形で意匠権を取ったり、キャラクターの登場するボードゲームを考案したり、キャラクターをあしらった磁器セットの制作に積極的に関与したりしていた。知的財産の重要性に早くから気付いていた「キャラクタービジネス」の先駆者だったのだ。そのため、権利延命化の執念すら感じさせる登録商標の

＊8　ライセンスを受ける者のこと。ライセンスを与える者を「ライセンサー」という。キャラクターの商品化に関しては、著作権、商標権、意匠権などをパッケージ化した「商品化権」というかたちでライセンスされることが多い。

＊9　ここでは、商品・サービスの質・内容などについて誤認させるような表示をする行為等（品質等誤認惹起行為）を指す。

＊10　万国著作権条約という国際条約で規定された。

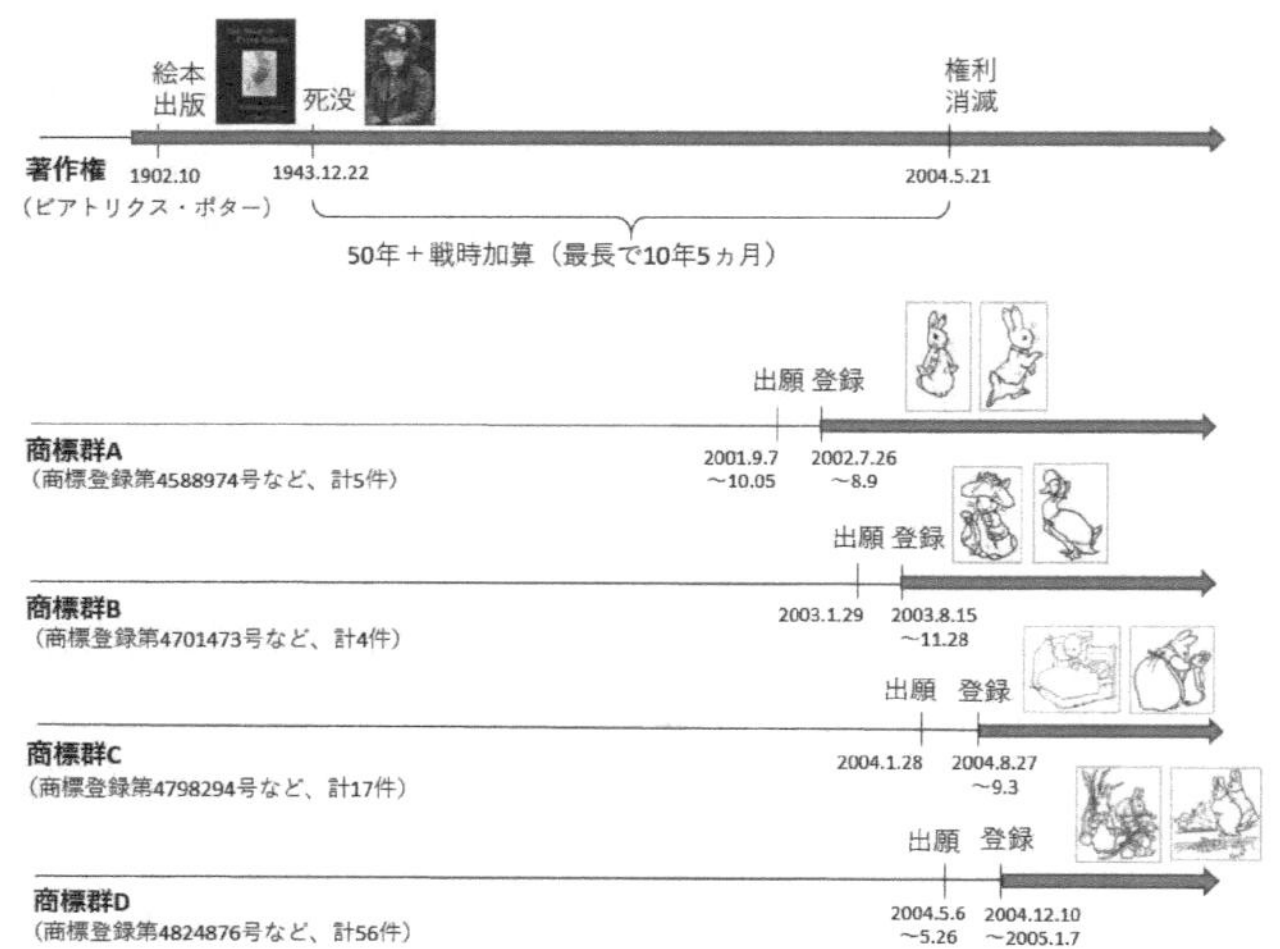

大量取得が、故人となったポターの亡霊によるものではないかと、筆者などはつい考えてしまったほどである。

このようにポターの描いた絵本の絵柄の多くが登録商標となっていることから、これらの絵柄を自分の商標として使用すると、それを付ける商品・サービスによっては商標権侵害となるおそれがある。それに加えて、他人の周知・著名な商品等表示を使用したという理由により不正競争行為と判断される可能性もある。

とは言いつつも、これらの絵柄をビジネスとして使用するのでなければ、基本的には、そういった問題が生じる可能性は低いと考えてよいだろう。

結局のところ、複雑な権利表示に惑わさ

れることなく、どういった場合に問題なく使えて、どういった場合に問題が起こりうるのか、適切に判断して対応する「知財リテラシー」が求められるということになる。

また、「パブリックドメイン」となった著作物については、権利者側も、あらゆる行為に許諾が必要であるかのような強硬な姿勢で臨むのではなく、「基本的には自由に使えますが、○○で使う場合はライセンスが必要です」などの表示をすべきではないだろうか。

スーパーカブの権利は今も生きている

保護される側面が異なりはするものの、複数の知的財産権を組み合わせることで、実質的な権利の長期化・延命化を図れることがわかった。

先ほどは著作権が消滅したケースについて紹介した。以下、意匠権が消滅したケースを取り上げることにしよう。

本田技研工業（以下、ホンダ）の自動二輪車「スーパーカブ」は、1958（昭和33）年の登場以来、半世紀を超えるロングセラーとなっている。ホンダのホームページによると、世界生産累計台数は、2014年3月時点で8700万台以上に達し、現在まで160ヵ国以上で販売され、「世界で最も多く生産された二輪自動車」であるという。

この商品を考えたのが、同社の創業者である故・本田宗一郎氏である。

「スーパーカブ」（上）と「スズキU70」（下）（裁判所ウェブサイトより）

スーパーカブの大きな特徴は、ハンドルとサドルの間が空間となるようにデザインされている点にある。そのため同社は、本田宗一郎氏を創作者として1959（昭和34）年に、スーパーカブのデザインに関する意匠権を取得した（意匠登録第146113号）。

その後、1966（昭和41）年に、ライバルの鈴木自動車工業（当時の社名。以下、スズキ）が同様の自動二輪車「スズキU70」の製造販売を始めると、ホンダは自社の意匠権が侵害されているとしてスズキを東京地裁に提訴した。

1973年5月、東京地裁は、スズキによる意匠権侵害を認めて、7億6100万円の損害賠償の支払いを命じた。意匠権侵害に関するものとしては史上最高額である。[*11]

ところで、スーパーカブのデザインに関する権利が、今も生き続けていることをご存じだろうか？

「今から半世紀以上も前に成立した意匠権が生き続けているはずがないのでは？」

そう思われる方が多いのではないかと思う。たしかにその指摘は正しい。

じつは、今も生き続けている権利というのは、商標権である。スーパーカブのデザインは、2014年6月に「立体商標」として商標登録されているのだ（商標登録第5674666号）。

第2章において、「立体商標」の具体例として、不二家のペコちゃん人形やケンタッキーフライドチキン（KFC）のカーネル・サンダース像を挙げた。言うまでもなく、これらの店頭人形は、他人の商品・サービスと区別できる「目印」として十分機能している。

これに対して、商品のデザインは、本来的には「目印」として機能するものではない。そのため、原則、商標登録できないことになっている。だが、スーパーカブについては、1958年の発売開始から長年使用された結果、そのデザインが「目印」として機能していると認められ、立体商標として登録されたのである。機能向上や細かいモデルチェンジを重ねながらも、一貫した基本デザインを維持したからこそなしえた快挙であろう。

このように、消費者が「このカタチを見たら、もうこの会社の商品・サービスしか思い浮かばない！」と認識するくらいになれば、立体商標としての登録も可能となってくる。

*11　スズキが東京高裁に控訴したが、最終的には和解している。

継続するヤクルトの容器の権利

また、商品そのものだけではなく、商品の容器の形状も立体商標として登録されうる。そのひとつして、「ヤクルトの容器」が挙げられる。「ヤクルト」は、ヤクルト本社が製造販売している乳酸菌飲料であり、また、国際共通語として考案されたエスペラント語で「ヨーグルト」を意味する「ヤフルト（jahurto）」から作られた造語である。

ヤクルトの容器の形状は、1975年7月に意匠登録されて（意匠登録第409380号）、その15年後（当時の存続期間であった）の1990年7月に権利が消滅した。[12]

ヤクルト本社は、立体商標の出願受付がはじまった1997年4月、立体商標の出願を行った。出願したのは、ヤクルトのロゴが書かれた容器と、ロゴが書かれていない容器のふたつであった。

ヤクルトのロゴが書かれたほうは1998年8月に登録に至るが（商標登録第4182141号）、ロゴが書かれていないほうは、容器の形状だけでは「目印」として機能していないとして特許庁で拒絶され、その後の裁判においてもその結論が覆ることはなかった。

だが、2008年5月、知財高裁が、ロゴが書かれていない「コカ・コーラの瓶」の形状に商標登録を認める方向性の判決を出したことから、ヤクルト本社は、同年9月、改めてロゴが書かれていない容器について出願を行った。

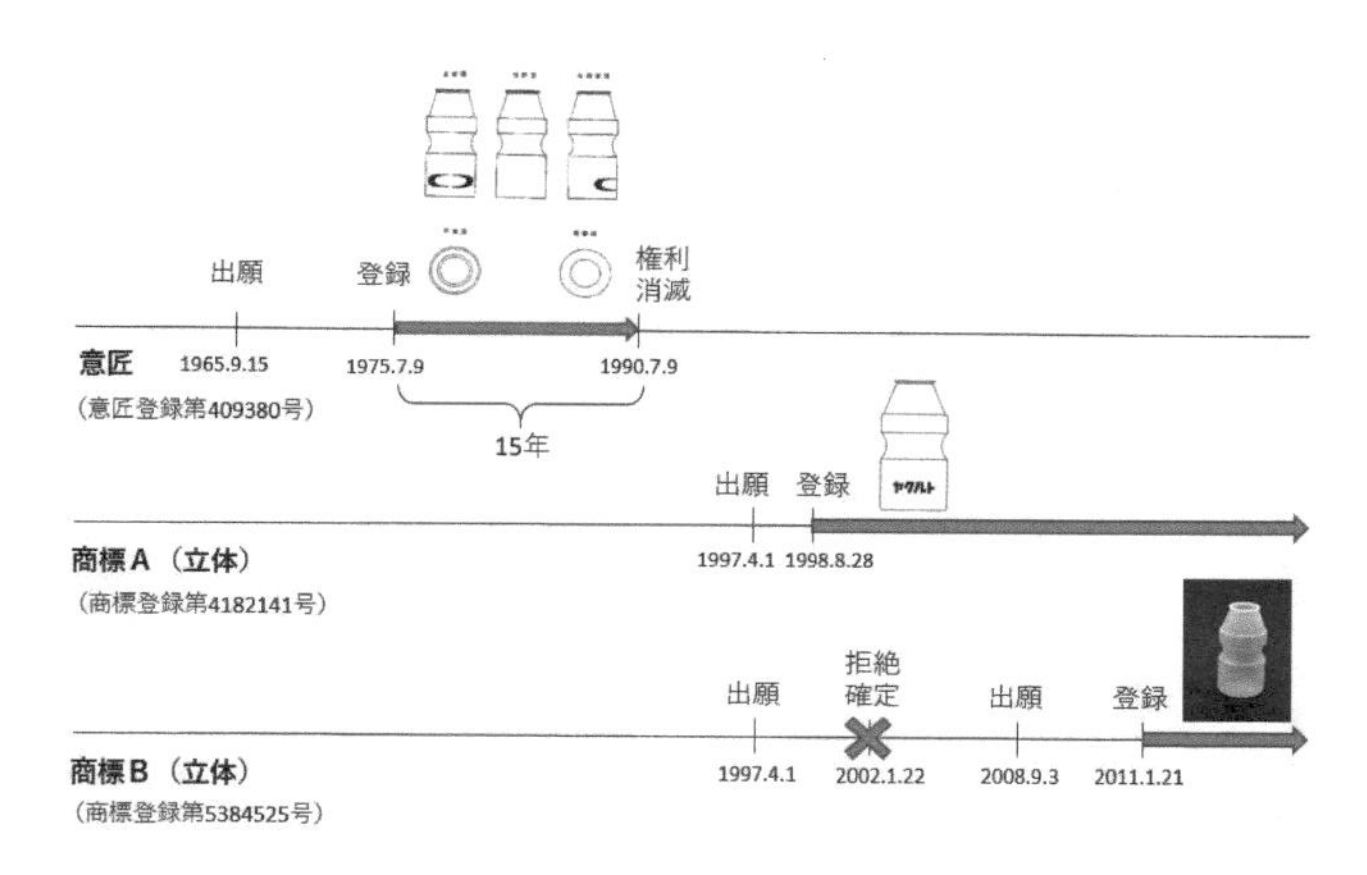

この新たな出願も特許庁で再度拒絶されたことから、同社は知財高裁に提訴。２０１０年11月、知財高裁は、アンケート調査においてロゴが書かれていない容器を見た消費者の98％以上が「ヤクルト」を想起すると回答した点などを挙げ、「長年の使用、販売実績から形状のみで識別力を獲得している」と判断した。結局、特許庁で審理をやり直した結果、２０１１年１月、無事に登録に至っている（商標登録第５３８４５２５号）。

このように、意匠権の存続期間満了後も、継続的にその商品またはその容器のデザインを消費者に強く印象付け、他人の商品・サービスと区別できる「目印」として機能させることができれば、商標権を確保することができる。これに成功すれば、指定商品・指定役務に限られるものの、そのデザインに関する権利を半永久的に独占できることになる。

このほか、商品またはその容器のデザインが立体商標として認められた例としては、前述した「スーパーカブ」と「ヤクルトの容器」に加えて、「コカ・コーラの瓶」（商標登録第5225619号）、「ミニマグライト（マグ・インスツルメントの懐中電灯）」（商標登録第5094070号）、「バーキン（エルメスのハンドバッグ）」（商標登録第5438059号）、「ジャポニカ学習帳」（商標登録第5639776号）などが挙げられる。

なお、特許権についても、その特許技術を適切に表現する商標を作り出し、それを「技術ブランド」として育てようという試みもある。その技術ブランドによって自社商品の信用力が高まれば、特許権の存続期間満了後も、他社製品との差別化を図ることができるというわけである。

大塚国際美術館で思ったこと

ここまで、複数の知的財産権を組み合わせることで、実質的な権利の長期化・延命化を図ろうとする権利者側の戦略について見てきた。

いずれのケースも、自らが継続してきたビジネスを守るために行われている。有体物であれば、使っているうちに徐々に劣化し、その価値も徐々に目減りしていくが、知的財産権の場合は、それまであった権利がある日いきなり消滅してしまうわけだから、それに対して何か手を打ちたいと権利者が考えるのは当然のことかもしれない。

もちろん、複数の権利で多面的な保護を図ることは全く悪いことではないし、きちんと権利が存在していて、権利者側がその権利の及ぶ範囲内で自己の権利を主張するのであれば、何ら問題はない。

ところが、知的財産権が関係するとは思えないような状況であっても、何らかの知的財産権が存在し、かつそれが及んでいるかのような前提で許諾や金銭のやり取りが行われているように見えるケースがある。もちろん、民法の基本原則として「契約自由の原則」というものがあるため、法律や公序良俗に反しない限り、当事者間でどんな合意や契約をしても特に問題はない。とは言いながらも、知的財産権の観点から腑に落ちない事例があるのは気になるところだ。

そこで、そのような「知財もどき[*13]」について客観的にその妥当性を検討してみることにしよう。

＊12　意匠権消滅後も、容器の形状が周知・著名な商品等表示と認められれば、不正競争防止法による保護が受けられる可能性がある。なお、不正競争防止法には、周知・著名かどうかに関係なく、最初の販売から3年間に限って、他人の商品の形態を模倣した商品を譲渡する行為などを禁ずる規定がある。

＊13　福井健策氏（弁護士、日本大学藝術学部客員教授）は、これを「擬似著作権」と呼んでいる。

大塚国際美術館（敷地外から筆者撮影）

まずは、2016年5月、筆者が徳島県鳴門市にある「大塚国際美術館」を訪れたときのエピソードから話を始める。

私用で神戸に来ていた筆者は、高速バスに乗り、大塚国際美術館へと向かった。バスは明石海峡大橋を経由して淡路島を縦断。バスが淡路島と四国とを結ぶ大鳴門橋にさしかかると、眼下に「鳴門の渦潮」が迫ってきた。橋の上に設けられた鳴門公園口のバス停で降りて少し歩くと、鳴門公園内にある地上3階建ての大塚国際美術館の建物が見えてきた。

同美術館は、1998年に大塚製薬グループの創立75周年記念事業として開設された、日本最大級の常設展示スペースを持つ、古代から現代までの陶板複製画を中心とした美術館だ。大塚オーミ陶業の特殊技術を使って、世界25ヵ国、190以上の美術館が所蔵する西洋名画、千余点をオリジナル作品と同じ大きさに複製して展示している。

複製品とはいえ、1ヵ所にいながらにして世界中の美術品を見て回ることができるというコンセプトは素晴らしく、一日いても飽きない楽しさであった。特に、ヴァチカン市国にある「システィーナ礼拝堂」の天井画など、実物の空間をそのまま立体的に再現した

「環境展示」は圧巻であった。世界的な旅行サイト「トリップアドバイザー」の「行ってよかった美術館&博物館ランキング」でトップとなっただけのことはある。

ところで、展示されている西洋名画には、著作権の保護期間内のものと、保護期間外のものがあるはずだ。保護期間内のものについては、当然権利者側から許諾を受けているのであろうが、保護期間外のものについては、どうなっているのだろうか？

じつは、その複製にあたって特に許諾を受けてはいないのだろうと、筆者は漠然と考えていた。だが、ひととおり見学を終えた後、近くにいたボランティア・スタッフの方になにげなく尋ねてみたところ、「すべての作品についてきちんと許可を取っていると聞いています」と答えてきた。

どうも腑に落ちなかったので、そのまま事務室に行って直接質問しようかとも考えた。だが、神戸に戻るバスの出発時間が近づいていたこともあり、そのまま美術館を後にし、仙台の自宅に戻ってから、同館の問い合わせ窓口宛てにメールで質問してみたのである。

――（1）貴館は著作権の保護期間が満了した名画等についても、その複製について所蔵者から許諾を受けているのでしょうか？

許諾を受ける契約を締結しています。

――**（2）著作権の保護期間が満了している名画等について所蔵者に対して許諾の対価を支払っている場合、その法的根拠は何でしょうか？**

（1）の契約によります。

著作権の保護期間が満了した名画等について、いったい、どういった名目で許諾を受けているのだろうか？　その点について教えてもらおうと改めて問い合わせたのだが、「**守秘義務によりお答えできません**」とのことであった。

結局、どのような許諾を受けているのかについてはわからずじまいである。

ただ、ひとつ言えることは、世に出回っている画像データだけでは、オリジナル作品の忠実な複製は不可能ということだ。

というのも、西洋名画の実物には、その表面に凹凸があるし、さらには細かい傷などもある。こういった三次元的なところまで正確に再現するには、現地の所蔵美術館に行ってオリジナル作品を確認することはもちろん、高解像度の画像データの提供を受ける必要もあるだろう。もちろん、そこには対価を支払う経済的合理性も認められる。

忠実な複製品を作るという目的を考えれば、著作権の保護期間が満了しているものであっても無断で複製したりせず、所蔵美術館などと何らかの契約を結んで全面的な協力を得ることは妥当なやり方であると思われる。

その絵画の権利は永遠なのか？

それでは、絵画の忠実な複製品を作るのではなく、紙媒体に平面的にその画像を載せるだけの場合はどうであろうか？　著作権の保護期間が満了している絵画はパブリックドメイン作品であるから、何の気兼ねもなく自由に使えるはずだ。

ところが、そのような古い絵画を展示する美術展のパンフレットなどでは、その絵画に付随して、Ⓒマークが付いているものを見かけることがある。そして、そのⒸマークの後には、その絵画の所蔵美術館の名前が書かれていることが多い。所有権と著作権は別の権利だから、所有権を主張するためにⒸマークを付けるなんてあり得ないし、そもそも所有権はその絵画の無体物としての面には及ばない。

著作権の保護期間が満了しているというのに、いったいどういうことであろうか？

「その絵画を写真に撮って掲載しているわけだから、その写真の著作権の表示では？」

そのように考える方もおられることだろう。もしかすると、Ⓒマークを付けさせている所蔵美術館側もそのつもりなのかもしれない。

だが、第1章の「写真の著作物」のところで説明したように、平面的な絵画を忠実に再現するためにその正面から撮影した写真については創作性が認められず、新たに著作権は発生しない。[*14] つまり、オリジナル作品の著作権の保護期間が満了していれば、それをただ複製しただけの写真にも著作権はなく、許可など取らなくても誰でも自由に使うことができるということだ。[*15] 絵画の所蔵者に対して著作権のライセンス料を支払う必要はないし、ましてやⒸマークを付けたりする必要もない。

そこで、講談社の美術書の担当者に、著作権の保護期間が満了している絵画を利用する際に、どのような対応を取っているのか尋ねてみた。

すると、美術書の表紙など、ある程度大きく絵画を掲載する場合は、印刷物として綺麗な書籍を作るために、所蔵美術館から直接、あるいはデータ提供元（フォトエージェンシー）などを介して印刷に耐えうる高解像度の画像データの提供を受けて、その使用料（利用料）としてお金を支払っていることがわかった。

なるほど。パブリックドメイン作品の画像データは、インターネットでいくらでも見つけることができるが、書籍に大きく掲載できるくらいの高品質なものを探し出すことは難しい。また、所蔵している絵画を高解像度の画像データとして自由にダウンロードできるようにしている美術館も存在するが、ワシントン・ナショナル・ギャラリーやアムステルダム国立美術館など、ごく一部に限られている。それを考えれば、高解像度の画像データの提供を受けてその使用料を支払うというのは理に適っているだろう。

また、名刺サイズ以下の参考図版については所蔵者名を明記はするものの、その所蔵者にいちいち許諾は取っていないとのことであった。パブリックドメイン作品であれば許諾は不要だし、著作権が存続している作品でも「引用」して利用するのであれば、やはり許諾は不要なので、これも当然の対応であろう。

なお、同担当者によると、パブリックドメイン作品について©マークを入れたことは、今までなかったように思うとのことであった。

だが、実際に入れている例があるのは間違いないので、他の出版社をあたるしかないと考えた筆者は、自宅近くの大型書店の美術書コーナーを徘徊してみた。すると、一部の古

*14　彫刻のような立体物の場合は、話は異なる。構図や照明の当て方などに創作性が認められれば、撮影者の個性が表現として発揮されているといえるからである。

*15　ただし、著作権の保護期間が満了している絵画を寄せ集めた出版物であって、素材の集め方やその配列の仕方に創作性が認められるものは「編集著作物」となる。

い絵画に©マークを表示している美術雑誌が見つかった。
早速、その発行元に問い合わせたところ、担当者からご回答いただくことができた。

――パブリックドメイン作品について著作権表示をしている法的根拠について教えていただけないでしょうか？

作品自体ではなく、提供されたデータ自体の著作権表示と考えています。通常、使用時に明記すべき内容を提供元から指示され、その中に著作権表示も含まれています。

――提供されたデータがオリジナル作品をそのまま複製したものであることを考えると、別途新たな著作権は発生しないと思いますが？

私もご指摘のとおりと思います。ですが複製画像を商っている方々は、この理屈を認めません。

要するに、©マークを入れることがデータ提供時の条件となっているときは、納得できないながらも、仕方なく入れているようだ。前述したように、©マークに法的な意味はほとんどないため、たとえ著作権がなくとも、基本的には、その表示自体に問題はない。
また、この担当者から驚くべき話も伺った。パブリックドメイン作品を掲載する場合や、作品を「引用」して利用する場合であれば、許諾は一切不要なはずなのに、権利を主張してクレームをつけてくる所蔵者やデータ提供元があるというのである。

――権利を主張してくる所蔵者やデータ提供元に対しては、どのような対応を取られているのでしょうか？

ある日本の美術館が所蔵する古美術の画像について使用料の支払いを求めて来た際は、弊社の著作権法的考えを書面で伝え、逆に使用料の支払いを求める根拠を尋ねたところ、その後連絡はありませんでした。

また、（イタリアにある美術画像データの提供元から）カバーで使用する写真の提供を受けたところ、掲載見本を送付後、本文中にあった彼らが複製画像として取り扱っている作品（弊社の判断としては「引用」利用）についての使用料を求めてきた時は、英語での対応になったため、著作権専門の弁護士にこちらの回答を文書で返しましたが、使用料を

払わなければ裁判にするという脅迫的な主張をされ、最終的にはやむなく支払いに応じました……。くやしいですが闘い続けられなかったです。

あと、（書籍に掲載する記事の）**著者が美術館関係者の時などは、横の繋がりがあってか、利用許諾申請をして欲しいと希望されることもあり、断り切れないこともあります。**

すべての所蔵者やデータ提供元が強硬な権利主張をしているわけではないと思うが、脅迫まがいの行動に出てくるところもあるようである。

こういった理不尽な状況を改めていくには、やはり、各人が正しい法律知識を身に付け、安易にお金を支払ったりせず、主張すべきことはきちんと主張する。そして、出版業界全体としても力を合わせて毅然とした対応を取っていくことが必要なのかもしれない。

強硬に権利主張をしている側にも、もしかすると、人類の文化的遺産を保全していく義務があるといった大義名分があるのかもしれない。それもたしかに大切ではあるが、筆者としては、もっと大切にすべきは、これから新しい作品を生み出していく人たちに対するサポートであるように思う。未来に向けた貢献もぜひ考えてもらいたい。

東京ドームの肖像使用料とは？

最後に、建物の事例を紹介することにしよう。

株式会社東京ドームのウェブサイトにある「東京ドームシティでロケ・CM・ドラマ撮影をご希望の皆様へ」というページに、次のような注意書きがあるのをご存じだろうか？

> 東京ドームを撮影される場合（背景など）、東京ドーム肖像使用料が別途発生いたします。

この「東京ドーム肖像使用料」というのは、かなり前から設定されているようである。

だが、何かヘンな感じがしないだろうか？

東京ドームが「建築の著作物」に該当すると仮定した場合でも、*16 第1章で説明したように、「建築の著作物」は、①同じものを建てる場合、②屋外に一定の状態で置くために複製する場合、などを除いて基本的には自由に使えるはずである。

さらに、最高裁が「物のパブリシティ権」を明確に否定していることから、いくら著名

*16　1988年オープンのため、著作物であれば、その著作権は存続している（2016年11月現在）。

な建物であっても、「パブリシティ権」は存在しないものと考えられている。いったいどういった根拠で設定されているものなのだろうか？　気になった筆者は同社の業務部に問い合わせてみた。

——最高裁の判例で、物のパブリシティ権は否定されましたが、貴社が東京ドーム肖像使用料を請求する法的根拠について教えてください。敷地立ち入り及び撮影の条件として勝手に設定しているという理解で正しいでしょうか？

最高裁の判例で物のパブリシティ権が否定されたことはご指摘のとおりです。しかし、弊社は、所有する建造物にパブリシティの価値があることまでは否定されていないものと考えております。当該「パブリシティ価値」保全のために、他社及び個人が弊社施設の画像等を商業利用する場合は、弊社が所有する施設の価値を利用することにほかなりませんから、その旨を相手に伝えて、「合意」に基づいて料金を頂戴しております。その意味では、弊社が東京ドーム肖像利用料を請求する法的根拠は合意（契約）であると考えております。なお、当社施設内から当社施設の撮影等を行う場合、当社の施設を利用することになるためその利用料は当然に申し受けることのできるものでありま

す。勝手に設定しているものではなく、これもあくまで施設利用契約に基づく合意であると考えております。

なるほど。法的根拠は「合意（契約）」であるとの回答である。

特に、同社の所有・管理する敷地内で撮影をする場合は、「施設利用契約」を結ぶ必要があるので、その契約の際に「肖像使用料」の支払いに合意をしていれば、撮影者がこれを支払わなければならないというのは、理屈として間違ってはいない。

空撮や敷地外からの撮影についてはどうであろうか？

同社によると、原則として前記回答と同様とのことであった。要するに、同社に問い合わせをしてきて合意（契約）に至った撮影者からは支払いを受けているのであろう。

「敷地内での撮影でないのなら、わざわざ契約を結ばなくてもよいのでは？」

当然のことながら、そう考える方もいるかと思うが、必ずしもそうとも言い切れない。なぜなら、「パブリシティ価値」の保全という東京ドーム側の説明に納得する撮影者もいるであろうし、納得できないながらも東京ドーム側と良好な関係を構築するメリットの方を重視する撮影者もいると考えられるからだ。すべてが法的な権利の有無だけで決まるわけではないということである。

話は変わるが、京都の寺社についても、本や雑誌などで写真付きで紹介する際に、出版社がその寺社に対してお金を支払う習慣があるという。

そのことを指摘した井上章一著『京都ぎらい』[*17]（朝日新書）によると、具体的には、1点につき3万円もかかっているようだ。

もちろん、東京ドームの場合と同じように、「パブリシティ価値」の利用や施設の利用に関する合意（契約）に基づいて、寺社側が支払いを受けるといった理屈は成り立つだろう。だが、京都の寺社がこういったロジックに従っているようにも思えない。なぜなら、彼らが受け取っているのは「肖像使用料」といったものでもないからである。『京都ぎらい』によると、その名目は「お布施（志納金）」であるという。

その建物の権利は永遠なのか？

次に、建物のミニチュアの場合はどうであろうか？

栃木県日光市にある「東武ワールドスクウェア」は、世界各地にある46の世界遺産を含む、世界の有名建築物102点を25分の1のスケールで再現した、「世界建築博物館」ともいえる施設である。

世界一高い自立式タワーである「東京スカイツリー」、一時期世界一の高さを誇っていた超高層ビル「台北101」、2001年の米同時多発テロで崩壊したニューヨークの「ワールド・トレード・センター」など、比較的新しい建築物も展示されている。

これらは屋外に一定の状態で置くために複製したものと考えられるため、著作権の保護期間内にある比較的新しい建築物については権利者から許諾を得ているものと考えられる。では、保護期間満了後の建築物についてはどうしているのか？

同園のホームページを覗いてみたところ、次のような記載があった。

園内の展示物を作るにはその建物の設計者の許可を受けておりますが、建物の設計者がすでにいない建物もあり許可を受けるのに苦慮しました。ギリシャのパルテノン神殿は本物の大理石の使用を要請され、この展示物には本物の大理石の粉末を素材に混入しております。

いったいどういうことだろうか？　紀元前400年代に建てられたパルテノン神殿の著

＊17　『京都ぎらい』は2016年の新書大賞に選ばれた。筆者もひそかに新書大賞を狙っていたりする。

「東武ワールドスクウェア」の案内板（筆者撮影）

作権が存続しているはずもない。だが、「許可を受けるのに苦慮しました」と書かれているので、何らかの許可を受けたのは間違いないようだ。

いったいどのような許可を受けたのか？　東武ワールドスクウェアに問い合わせた。

――著作権の保護期間が満了している場合、許諾を受ける法的根拠は何でしょうか？

著作権の保護期間については、当時50年との認識がありました。死後50年以上が経過し、法的根拠のない建物につきましても、1／25サイズの展示物製作に当り、図面・資料等の入手が必要であったことから、各建物の所有者・管理者など関係箇所へ連絡を行い、必要資料の入手を行っております。

……園内展示物の作成を行う際には、図面・資料等の入手、現地調査など単独で行うには難しい部分が多く、国内外の建物の所有者・管理者など関係箇所へ連絡を行い、許諾・協力の下、展示物製作をいたしました。

なるほど。許可を受けたというよりも、むしろ、協力してもらったという感じである。なお、実物の認知度向上など、実物の所有者側にとってもメリットがあることから、金銭の支払いは特に発生していないとのことであった。

それでは、大きさがさらに小さくなってしまうが、手のひらサイズのミニチュアの場合はどうだろうか？　歴史的建築物のほか、仏像などの美術品のミニチュアを製作している海洋堂に問い合わせてみた。

——著作権の保護期間が満了している場合であっても、貴社はミニチュア製作にあたって許諾を受けているのでしょうか？

原則、パブリックドメインとなっている著作物に関しては許諾を得る、という行為は行っておりません。ただし、所有者がおり、著作物の取材や資料の提供を受けたい場合、協力を仰ぐ、ということは行っております。

——金銭の支払いは行っているのでしょうか？　その場合、何に対する支払いとなるのでしょうか？

所有者の協力が不要な場合は金銭の支払いは行いませんし、協力を受けた場合は、一般の方の場合は「企画協力費」、宗教法人の場合は「冥加金（みょうがきん）」などの名目でお支払いしております。

パブリックドメインとなっているかどうか、きちんと確認したうえで、適切な対応を取っているようである。それでもやはり、宗教法人に支払うお金は、「お布施（冥加金）」となってしまうようだ。

第4章から得られる教訓

本章ではまず、ペコちゃんとキューピーのルーツの話を取り上げた。著作権についておおらかな時代もあったのである。それに続いて、複数の知的財産権を組み合わせることで、実質的な権利の長期化・延命化を図ろうとする権利者側の試みについて紹介した。

そういった試みの中でも最たるものは、じつは、権利そのものの寿命を延ばしてしまうことである。1998年に米国において著作権法が改正されたとき、著作権の保護期間が、原則、著作者の死後50年から70年へと延長された。その背景には、「ミッキーマウス」の著作権延命を図ろうとするウォルト・ディズニー・カンパニーなどによる積極的なロビー活動があったと言われている。

商標権や不正競争防止法による保護を受ければ、キャラクターグッズなどの権利は半永久的に維持することができるのだから、著作権くらいは諦めてもよいのではないだろうか？ 諦めがつかないのは、前述したように知的財産権の場合、それまであった権利がある日いきなり消滅してしまうことも関係しているように思う。この急激な変化を何らかのかたちで補完するシステムがあってもよいかもしれない。

また、特許権、実用新案権、意匠権、商標権は、その維持費用を支払わなくなったら権利が消滅する。だが、著作権の場合、維持費用を支払う必要がないため、すべての著作物について保護期間満了まで平等に権利が存続してしまう。保護に値する著作物とそうではない著作物を区別してもよいかもしれない。

なお、本章では、知的財産権が関係すると思えないような状況であっても、何らかの知的財産権が存在し、かつそれが及んでいるかのように扱われているように見えるケースについても取り上げた。もっともな理由づけができるものがある一方で、そうではないものがあることもおわかりいただけたのではないかと思う。揉め事を避けるために、とりあえず相手の言いなりになっておくというのは、日本人特有の「事なかれ主義」によるところが大きいように思う。だが、納得できない主張をしてくる相手に対しては、自らの意見をきちんと表明して毅然とした態度で臨むことが、国民の「知財リテラシー」を高めていくための第一歩となるのではないだろうか？　ただし、支払いの名目が「お布施」となった途端、論理的な考察が無意味になってしまうところは、正直悩ましい……。

◎複数の知的財産権を組み合わせることで、実質的な権利の長期化・延命化を図るなど、知的財産の複合的な保護について検討する。
◎商品やその容器の形状については、継続的にそのデザインを消費者に強く印象付けることで「立体商標」として登録するための道筋を構築する。
◎何らかの権利を主張してくる個人・企業がいる場合でも、その主張を鵜呑みにするのではなく、その主張の裏付けを必ず取ったうえで、次に何をすべきかを考える。

おわりに

本書は、私がこれまで行ってきた知財啓発活動の集大成といえるものです。

2020年東京オリンピックのエンブレムの話から始まり、著作権、商標権、特許権など様々な知的財産権について説明してきましたが、なぜかしら締めくくりは、宗教法人に対するお布施の話となってしまいました。

限られたページ数の中で、可能な限り知的財産権の正体に迫ろうと、様々な事例を盛り込ませていただきました。皆さまが特に負担を感じることなく、最後まで読み進められたことを願っています。

「その行為は違法なパクリなのか?」「世間の空騒ぎにすぎないのか?」「権利を主張する側の言いがかりに過ぎないのか?」ということも、ある程度わかるようになっていただけましたら、著者としては嬉しい限りです。

読みやすさを重視したため、法律的な表現としては正確ではないものも含まれています。また、論点が多岐にわたる裁判などについては、細かい部分はあえて取り上げませんでした。本書を読んで知的財産権について興味を持たれた方は、専門書や判例集などを手に取っていただき、さらに理解を深めていただければと思います。

また、今回は取り上げることができませんでしたが、近年、「人工知能」が注目されています。人工知能が将棋や囲碁でプロ棋士に勝ったという話をお聞きになった方も多いでしょう。そんな中、「人工知能による創作」も広がりを見せてきました。すでにロゴや映像、音楽などは、かなり創作性の高いものが自動生成できるようになっていますし、人工知能が短い小説を作ったというニュースも出てきています。

さらに、人工知能が「発明」をする可能性も現実味を帯びてきました。たとえば、ＩＢＭが開発した質問応答・意思決定支援システム「ワトソン」は、新しい料理のレシピを考えることも可能です。英語版となりますが、『Cognitive Cooking with Chef Watson』（シェフ・ワトソンの経験的知識に基づいた料理）というレシピ本まで出版されています。第3章でも紹介したように、食品分野でも様々な特許が成立しているので、ワトソンの考える料理の中には特許に値するものもあるかもしれません。

では、人工知能による発明を、あたかも自分の発明のように装って特許出願をした場合、審査官はそれを見抜くことができるでしょうか？　おそらく難しいでしょう。人間が創作した著作物なのか、それとも人工知能が創作したものなのか、その両者を判断することも同様に困難でしょう。現在、政府などが人工知能による創作物を保護するための検討を進めていますが、その制度設計に関しては十分な議論が必要だと思います。

ところで、本書は私にとって約3年ぶりの新作となります。今までの著作は、主に「特許権」を取り扱ったものが多かったのですが、今回はこれまでの講義・講演などで紹介してきた著作権や商標権に関する事例もふんだんに盛り込みました。

本書をお読みになって、私のことを「どうしようもない知財オタク」だと思われた方も多いかもしれません。ですが、じつのところ、私が知的財産権に関わるようになったのは、まったくの偶然です。

大学院生のときは「超電導」(特定の金属等の電気抵抗がゼロになる現象)に関する研究に携わっていたのですが、大手電気機器メーカーに入社後、最初に行われた配属面接で、突然、面接官から「君、特許とかどう?」と勧められたのです。「それも面白そうですね」と何となく答えたところ、知的財産権に関する業務に従事することになったのでした。

その後、オウム真理教(当時)の教祖であった麻原彰晃こと松本智津夫死刑囚による「流動床焼却炉」の公報(特開平5-322145)を偶然見つけたことを契機に、私は「変わった発明」の収集に明け暮れるようになりました。縁あって、「変わった発明」を題材にした知財啓蒙に関する書籍執筆や講演の依頼を受けるようになったことから、2000年当時、サラリーマンであった私は、本名を微妙に変えた筆名を使って、知的財産権に関する啓蒙活動を開始したのです。

米国カリフォルニア州にあった研究開発拠点の運営に関わった際には、企業経営や会計などに興味が移って米国公認会計士の資格を取得したりもしました。しかし、自分の専門の軸が知的財産権にあると悟った私は、その包括的な知識を身につけるべく、2007年から日本の弁理士試験の勉強を開始したのです。当時は政府の「弁理士一万人計画」により一時的に合格者が急増している時期でもあり、私はその波に乗って、幸いにも二度目の受験で最終合格することができました。

2014年からは杜の都・仙台で、主に大学の研究戦略や産学連携などに携わっています。大学経営でも知的財産権が極めて重要であることを日々痛感しているところです。なお、これまで筆名（稲森謙太郎）を使用してきましたが、今後は「公人」という立場に鑑み、本名である「稲穂健市」の名義で活動することにします。これまでの読者の方々におかれましても、今までと変わらぬご支援・ご指導をよろしくお願いいたします。

ここで本書の出版に際し、お世話になった皆さまにこの場を借りて御礼を申し上げます。

まず、お忙しいところ快く取材に応じて下さった関係者の皆さまに、心から御礼申し上げます。おかげさまで、本書の内容をたいへん充実させることができました。

　本書において否定的に取り扱ってしまった題材もありますが、筆者としては知的財産権について理解を深めるための効果的な素材として、可能な限り客観的かつ正確にその解説を行ったつもりです。何らの悪意もありませんので、やや不愉快に感じられた方にもご容赦いただけましたら幸いに存じます。

　また、小松悠有子弁理士、塚原憲一弁理士、安高史朗弁理士、黒崎文枝弁理士、中村祥二弁理士、大泉俊雄さん、小澤一恵さん、城田衣さん、津谷薫子さんには、すべての原稿に目を通していただきました。ご協力に感謝します（もちろん、文責が私ひとりにあることは言うまでもありません）。

　最後に、講談社第一事業局学芸部現代新書の米沢勇基さんには、執筆段階で様々なアドバイスをいただきました。また、資料の収集や編集はもちろん、取材先への質問状の送付などでもお手伝いいただき、大変お世話になりました。心から御礼申し上げます。

２０１７年１月

稲穂健市

おことわり

＊本書に掲載した特許、実用新案、意匠、商標の出願・審査・審判・登録等に関するデータの大部分は、経済産業省所管の「独立行政法人　工業所有権情報・研修館」が提供している「特許情報プラットフォーム（J-PlatPat）」（https://www.j-platpat.inpit.go.jp/web/all/top/BTmTopPage）で検索して得られたもの、及び特許庁が提供する「インターネット出願ソフト」のオンライン閲覧により得られたものに基づいています。これらによって得られた公報類・審査書類・審判書類等に掲載されている文章や図面等は、著作権法第32条で認められた範囲内で引用しています。

また、特許、実用新案、意匠、商標の審査状況及び権利状況は、２０１６年10月31日現在のものです。

＊本書に掲載した裁判に関するデータの大部分は、裁判所ウェブサイトの「判例検索システム（知的財産裁判例集）」（http://www.courts.go.jp/app/hanrei_jp/search7）で検索して得られたものに基づいています。これによって得られた判決文及び別紙に掲載されている文章や図面等は、著作権法第32条で認められた範囲内で引用しています。

＊本文で引用されている関係者への取材は、すべて事実に基づいたものです。関係者への取材は、２０１６年4月から9月にかけて筆者自身または編集担当者によって電子メール、ウェブサイトの質問フォーム、電話、郵便などの形式で行われました。本書に記載している内容は取材時のものです。

＊引用にあたり、きわめて難解な漢字、明らかな誤字・脱字・句読点の誤りについては同一性を損ねない範囲で一部改めました。なお、引用文中の省略部分については「……」と表記しています。

参考文献（参照順）

【書籍】

『著作権法 第2版』中山信弘（有斐閣、２０１４年）

『著作権法概説 第2版』田村善之（有斐閣、２００１年）

『著作権とは何か—文化と創造のゆくえ』福井健策（集英社新書、２００５年）

『著作権の世紀—変わる「情報の独占制度」』福井健策（集英社新書、２０１０年）

『18歳の著作権入門』福井健策（ちくまプリマー新書、２０１５年）

『知っておきたい特許法 19訂版』工業所有権法研究グループ（朝陽会、２０１２年）

『ヒット商品はこうして生まれた！ ヒット商品を支えた知的財産権 平成26年改訂版』日本弁理士会広報センター（編）（日本弁理士会、２０１４年）

『産業財産権標準テキスト総合編（第4版）』経済産業省 特許庁、工業所有権情報・研修館（発明推進協会、２０１２年）

『知的財産管理技能検定 3級公式テキスト［改訂8版］』知的財産教育協会（編）（アップロード、２０１６年）

『知的財産管理技能検定 2級公式テキスト［改訂7版］』知的財産教育協会（編）（アップロード、２０１６年）

『知的財産法入門』小泉直樹（岩波新書、２０１０年）

『和田義彦展図録～ドラマとポエジーの画家』和田義彦（著）、三重県立美術館（編）（読売新聞社、２００５年）

『合格！ 行政書士 南無刺青観世音 ～自分と人を信じて生きる～』鬼塚康（本の泉社、２００７年）

『コンテンツビジネスによく効く、著作権のツボ』八代英輝（河出書房新社、２００６年）

『チーズはどこへ消えた？』スペンサー・ジョンソン（扶桑社、２０００年）

『バターはどこへ溶けた？』ディーン・リップルウッド（道出版、２００１年）

『赤とんぼ騒動—わが文学生活１９８０～１９８１』吉行淳之介（潮出版社、１９８１年）

『日本風景論』切通理作、丸田祥三（春秋社、２０００年）

『廃墟をゆく（Dethtopia series）』田中昭二（著）、小林伸一郎（写真）（二見書房、２００３年）

『まちをはしる はたらくじどうしゃ』（なかよし絵本シリーズ）（永岡書店、２００３年）

『工業所有権法逐条解説（第19版）』特許庁編（発明推進協会、２０１２年）

『商標審査基準［改訂第11版］』特許庁編（発明推進協会、２０１５年）

『へんな商標？』友利昴（発明協会、２０１０年）

『佐藤さんはなぜいっぱいいるのか？ 身近な疑問から解き明かす「商標」入門』茅原裕二（講談社、２０１１年）

『社長、その商品名、危なすぎます！』［日経プレミアシリーズ］富澤正（日本経済新聞出版社、２０１５年）

『最新のネーミング強化書』髙橋誠（ＰＨＰビジネス新書、２０１５年）

『ブランド要素の戦略論理』恩蔵直人（編）、亀井昭宏（編）（早稲田大学出版部、２００２年）

『特許法概説（第13版）』吉藤幸朔、熊谷健一（有斐閣、１９９８年）

『ようこそ「鳩山レストラン」へ』鳩山幸（講談社、１９９９年）

『ようこそ鳩山家へ—鳩山幸さんのお料理、ファッション、おもてなし』鳩山幸（ベストセラーズ、２００１年）

『鳩山幸 Have a Nice Time!』鳩山幸（扶桑社、２０００年）

『明治の特許維新—外国特許第1号への挑戦！』櫻井孝（発明協会、２０１１年）

『知られざる特殊特許の世界』稲森謙太郎（太田出版、2000年）
『女子大生マイの特許ファイル』稲森謙太郎（楽工社、2010年）
『すばらしき特殊特許の世界』稲森謙太郎（太田出版、2014年）
『ワシントンハイツ―GHQが東京に刻んだ戦後』秋尾沙戸子（新潮文庫、2011年）
『初期のおとなクラブ＝Otona・first・three・years：TOKYO・OTONA・CLUB・special! from vol. 1 to vol. 3』東京おとなクラブ（東京おとなクラブ、1985年）
『Fujiya book：創業80周年記念誌』不二家（不二家、1990年）
『LIFE』（1949年11月21日号）（Time Inc.、1949年）
『京都ぎらい』井上章一（朝日新書、2015年）

【雑誌記事】

「著作権法における侵害要件の再構成：「複製又は翻案」の問題性（講演録）」上野達弘（パテント誌 Vol. 65 No. 12、日本弁理士会、2012年）
「ファービー人形について著作権の成立を認めなかった事例」（判例時報1763号（平成13年12月21日号））
「阿川佐和子のこの人に会いたい」（「週刊文春」2014年7月17日号）
「NHK大河『武蔵』は黒澤映画『七人の侍』のパクリだ」（「週刊文春」2003年1月23日号）
「弁理士が行う新たな鑑定業務（知的財産権価値評価業務）」知的財産価値評価推進センター（パテント誌 Vol. 63 No. 9、日本弁理士会、2010年）
「SMAPを潰した〝ジャニーズの女帝〟メリー副社長の正体」（「週刊文春」2016年9月15日号）
「ジャニーズ事務所はなぜSMAPを潰したのか」（「週刊現代」2016年10月8日号）
「アタシジャーナル」第13回（「週刊朝日」2007年2月16日号）

【ウェブ記事】

「宇部市のエコキャラ『エコハちゃん』着ぐるみ姿で『ピカチュウ』そっくり？」（「J-CASTニュース」2011年8月3日）
「エコハちゃん騒動で宇部市が株式会社ポケモンに連絡『ご迷惑をおかけしました』」（「ロケットニュース24」2011年8月4日）
「『踊る大捜査線』テーマ曲 ネットでメキシコの楽曲に『そっくり』説」（「J-CASTニュース」2011年8月30日）
「商標乱発、国全体の1割出願 男性『あくまでビジネス』」（「朝日新聞デジタル」2016年6月30日）
「『加護亜依』商標登録済みで本名使えず!?」（「日刊スポーツWeb版」2013年8月21日）
「杭45本のセメント量も改ざん 旭化成子会社 横浜のマンション」（「日本経済新聞 電子版」2015年10月17日）
「3Dプリンターで特許を逃した僕の『失策と教訓』発明者・小玉秀男氏が次世代に贈る言葉」杉原淳一（「日経ビジネスオンライン」2016年7月6日）

【各種ウェブサイト】

文化庁／著作権情報センター／特許庁／裁判所／パテントサロン／albertosughi.com／ポケモンずかん（ポケモンだいすきクラブ）／ファービー（タカラトミー）／牛木内外特許事務所／校歌の謎（早稲田ウィークリー）／赤とんぼPart3（the Muse）／日本ユニ著作権センター／クリエイティブ・コモンズ・ジャパン／特許情報プラットフォーム（J-PlatPat）／京急電鉄ニュースリリース「「マルチドア対応ホームドア（どこでもドア®）」実証実験 京急久里浜線 三浦海岸駅 にて10月24日（月）始発より開始します」（2016年10月14日）／アイホン株式会社 ニュースリリース「商標に関するお知らせ」

／iPhone - Apple（日本）／「商標法におけるパロディ許容の可能性 ～シーサーとプーマの戦い～」TMI総合法律事務所 弁理士 佐藤俊司（ウエストロー・ジャパン株式会社）／しーさーどっとこむ／駒沢公園行政書士事務所日記／企業法務戦士の雑感／中川国際特許事務所「なるほど著作権セミナー」／ホテル鳩山幸サイト［幸流－MIYUKIRYU］／知財アナリストのひとりごと／ホテル三日月グループの公式ホームページ／ジュピターショップチャンネル「三雲アナのフェイスアップクリップ」／栗原潔のIT弁理士日記／裁判例と知財実務GKブログ／キユーピー～愛は食卓にある。～／牛乳石鹸 キューピー ベビーシリーズ／キユーピー引越センター／ピーターラビット日本公式サイト／大塚国際美術館／東京ドームシティ「東京ドームシティでロケ・CM・ドラマ撮影をご希望の皆様へ」／東武ワールドスクウェア

＊その他、多くの新聞記事やウェブサイトを参考にさせていただきました。

N.D.C.507　294p　18cm
ISBN978-4-06-288412-9

講談社現代新書　2412

楽しく学べる「知財」入門

二〇一七年二月二〇日第一刷発行　二〇二三年一〇月三日第五刷発行

著者　稲穂健市　©Kenichi Inaho 2017

発行者　髙橋明男

発行所　株式会社講談社
東京都文京区音羽二丁目一二―二一　郵便番号一一二―八〇〇一

電話　〇三―五三九五―三五二一　編集（現代新書）
〇三―五三九五―四四一五　販売
〇三―五三九五―三六一五　業務

装幀者　中島英樹

印刷所　株式会社ＫＰＳプロダクツ

製本所　株式会社ＫＰＳプロダクツ

定価はカバーに表示してあります　Printed in Japan

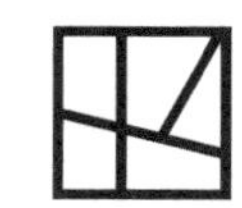

「講談社現代新書」の刊行にあたって

教養は万人が身をもって養い創造すべきものであって、一部の専門家の占有物として、ただ一方的に人々の手もとに配布され伝達されうるものではありません。

しかし、不幸にしてわが国の現状では、教養の重要な養いとなるべき書物は、ほとんど講壇からの天下りや単なる解説に終始し、知識技術を真剣に希求する青少年・学生・一般民衆の根本的な疑問や興味は、けっして十分に答えられ、解きほぐされ、手引きされることがありません。万人の内奥から発した真正の教養への芽ばえが、こうして放置され、むなしく滅びさる運命にゆだねられているのです。

このことは、中・高校だけで教育をおわる人々の成長をはばんでいるだけでなく、大学に進んだり、インテリと目されたりする人々の精神力の健康さえもむしばみ、わが国の文化の実質をまことに脆弱なものにしています。単なる博識以上の根強い思索力・判断力、および確かな技術にささえられた教養を必要とする日本の将来にとって、これは真剣に憂慮されなければならない事態であるといわなければなりません。

わたしたちの「講談社現代新書」は、この事態の克服を意図して計画されたものです。これによってわたしたちは、講壇からの天下りでもなく、単なる解説書でもない、もっぱら万人の魂に生ずる初発的かつ根本的な問題をとらえ、掘り起こし、手引きし、しかも最新の知識への展望を万人に確立させる書物を、新しく世の中に送り出したいと念願しています。

わたしたちは、創業以来民衆を対象とする啓蒙の仕事に専心してきた講談社にとって、これこそもっともふさわしい課題であり、伝統ある出版社としての義務でもあると考えているのです。

一九六四年四月　野間省一

哲学・思想Ⅰ

哲学・思想Ⅱ

経済・ビジネス

350 経済学はむずかしくない〈第2版〉——都留重人
1596 失敗を生かす仕事術 畑村洋太郎
1624 企業を高めるブランド戦略——田中洋
1641 ゼロからわかる経済の基本——野口旭
1656 コーチングの技術——菅原裕子
1926 不機嫌な職場——高橋克徳 河合太介 永田稔 渡部幹
1992 経済成長という病——平川克美
1997 日本の雇用——大久保幸夫
2010 日本銀行は信用できるか 岩田規久男
2016 職場は感情で変わる 高橋克徳
2036 決算書はここだけ読め！——前川修満
2064 決算書はここだけ読め！キャッシュ・フロー計算書編 前川修満
2125 ビジネスマンのための「行動観察」入門 松波晴人
2148 経済成長神話の終わり アンドリュー・J・サター 中村起子 訳
2171 経済学の犯罪——佐伯啓思
2178 経済学の思考法——小島寛之
2218 会社を変える分析の力 河本薫
2229 ビジネスをつくる仕事 小林敬幸
2235 20代のための「キャリア」と「仕事」入門——塩野誠
2236 部長の資格——米田巖
2240 会社を変える会議の力 杉野幹人
2242 孤独な日銀——白川浩道
2261 変わった世界 変わらない日本——野口悠紀雄
2267 「失敗」の経済政策史 川北隆雄
2300 世界に冠たる中小企業 黒崎誠
2303 「タレント」の時代——酒井崇男
2307 ＡＩの衝撃——小林雅一
2324 〈税金逃れ〉の衝撃 深見浩一郎
2334 介護ビジネスの罠——長岡美代
2350 仕事の技法——田坂広志
2362 トヨタの強さの秘密 酒井崇男
2371 捨てられる銀行——橋本卓典
2412 楽しく学べる「知財」入門——稲穂健市
2416 日本経済入門——野口悠紀雄
2422 捨てられる銀行2 非産運用——橋本卓典
2423 勇敢な日本経済論——髙橋洋一 ぐっちーさん
2425 真説・企業論——中野剛志
2426 東芝解体 電機メーカーが消える日 大西康之

世界の言語・文化・地理

F

世界史Ⅱ

世界史Ⅰ

心理・精神医学

331 異常の構造——木村敏
590 家族関係を考える——河合隼雄
725 リーダーシップの心理学——国分康孝
824 森田療法——岩井寛
1011 自己変革の心理学——伊藤順康
1020 アイデンティティの心理学 鑪幹八郎
1044 〈自己発見〉の心理学 国分康孝
1241 心のメッセージを聴く 池見陽
1289 軽症うつ病——笠原嘉
1348 自殺の心理学——高橋祥友
1372 〈むなしさ〉の心理学 諸富祥彦
1376 子どものトラウマ——西澤哲

1465 トランスパーソナル心理学入門——諸富祥彦
1787 人生に意味はあるか 諸富祥彦
1827 他人を見下す若者たち 速水敏彦
1922 発達障害の子どもたち——杉山登志郎
1962 親子という病——香山リカ
1984 いじめの構造——内藤朝雄
2008 関係する女 所有する男——斎藤環
2030 がんを生きる——佐々木常雄
2044 母親はなぜ生きづらいか——香山リカ
2062 人間関係のレッスン 向後善之
2076 子ども虐待——西澤哲
2085 言葉と脳と心——山鳥重
2105 はじめての認知療法——大野裕

2116 発達障害のいま——杉山登志郎
2119 動きが心をつくる——春木豊
2143 アサーション入門——平木典子
2180 パーソナリティ障害とは何か——牛島定信
2231 精神医療ダークサイド 佐藤光展
2344 ヒトの本性——川合伸幸
2347 信頼学の教室——中谷内一也
2349 「脳疲労」社会——徳永雄一郎
2385 はじめての森田療法 北西憲二
2415 新版 うつ病をなおす 野村総一郎
2444 怒りを鎮める うまく謝る 川合伸幸

知的生活のヒント

78 大学でいかに学ぶか 増田四郎
86 愛に生きる──鈴木鎮一
240 生きることと考えること 森有正
297 本はどう読むか──清水幾太郎
327 考える技術・書く技術─板坂元
436 知的生活の方法──渡部昇一
553 創造の方法学──高根正昭
587 文章構成法──樺島忠夫
648 働くということ──黒井千次
722 「知」のソフトウェア──立花隆
1027 「からだ」と「ことば」のレッスン──竹内敏晴
1468 国語のできる子どもを育てる──工藤順一
1485 知の編集術──松岡正剛
1517 悪の対話術──福田和也
1563 悪の恋愛術──福田和也
1620 相手に「伝わる」話し方 池上彰
1627 インタビュー術!──永江朗
1679 子どもに教えたくなる算数 栗田哲也
1865 老いるということ──黒井千次
1940 調べる技術・書く技術─野村進
1979 回復力──畑村洋太郎
1981 日本語論理トレーニング──中井浩一
2003 わかりやすく〈伝える〉技術──池上彰
2021 新版 大学生のためのレポート・論文術──小笠原喜康
2027 地アタマを鍛える知的勉強法──齋藤孝
2046 大学生のための知的勉強術──松野弘
2054 〈わかりやすさ〉の勉強法──池上彰
2083 人を動かす文章術──齋藤孝
2103 アイデアを形にして伝える技術──原尻淳一
2124 デザインの教科書──柏木博
2165 エンディングノートのすすめ──本田桂子
2188 学び続ける力──池上彰
2201 野心のすすめ──林真理子
2298 試験に受かる「技術」──吉田たかよし
2332 「超」集中法──野口悠紀雄
2406 幸福の哲学──岸見一郎
2421 牙を研げ 会社を生き抜くための教養 佐藤優
2447 正しい本の読み方 橋爪大三郎